Roland Wolff

Praktische
Rhetorik –
Stimmtraining

Roland Wolff

Praktische Rhetorik – Stimmtraining

Verlag aktuelle texte gmbh
D-88499 Heiligkreuztal

Die Deutsche Bibliothek –
CIP-Einheitsaufnahme

Wolff, Roland:
Praktische Rhetorik – Stimmtraining /
Roland Wolff. – Heiligkreuztal :
Verl. Aktuelle Texte, 1994
  ISBN 3-921312-57-4

Gestaltung: Werbeagentur Achim Köppel,
D-72488 Sigmaringen
Gesamtherstellung: Ebner, D-89075 Ulm
Gesetzt aus der Times-Antiqua

© Verlag aktuelle texte gmbh,
D-88499 Heiligkreuztal, 1994, 1. Auflage
Alle Rechte vorbehalten. Printed in Germany

Verlagsnummer 057
ISBN 3-921312-57-4

Inhaltsverzeichnis

Vorwort
mit Gebrauchsanweisung

Im Mittelalter ließ Kaiser Friedrich II. (1194–1250) angeblich folgenden schrecklichen „Versuch" durchführen (vgl. Andreas Baur, Religionsbuch für die Hauptschule, 8. Jahrgangsstufe, S. 13): Zwölf Waisenkinder wurden von Ammen gepflegt, gut genährt und in allem wohl versorgt. Niemand durfte aber auch nur ein Wort mit ihnen sprechen. In welcher Sprache würden die Kinder zu reden anfangen? Gibt es so etwas wie eine menschliche Ursprache?

Das unmenschliche Experiment mißlang natürlich. Die Kinder lernten weder den Gebrauch ihrer eigenen Stimme, noch entwickelten sie sich geistig und körperlich normal. Sie vegetierten lediglich vor sich hin. Es dauerte keine 4 Jahre und das letzte der 12 Waisenkinder war gestorben.

Seine eigene Stimme einzusetzen, menschliche Laute hören zu können, gehört zu einem Urbedürfnis des Menschen. Ja, man kann durchaus sagen: „Sprechen" ist eine unserer Hauptbeschäftigungen. Bereits Durchschnittsbürger und nicht nur Vielredner bringen einen Großteil des Tages damit zu, sich gegenüber der Umwelt zu äußern. Daß dabei gerade die „Stimme" eine Hochleistung zu vollbringen hat, braucht wohl nicht weiter erwähnt werden.

Stimme schafft Persönlichkeit – ja sie kann ohne Worte dem Gegenüber wichtige Botschaften vermitteln. Eine sympathische, kräftige und wohlklingende Stimme schafft sich in allen Bereichen täglichen Lebens eine gute Ausgangslage. Viele Berufe, wie Ärzte, Journalisten, Lehrer, Manager, Moderatoren, Politiker, Rechtsanwälte, Rundfunk- und Fernsehsprecher und nicht zuletzt Geistliche, – um nur einige Berufe zu erwähnen – leben geradezu vom Einsatz ihrer Stimme.

Durch die modernen Kommunikationsmittel entstehen ganz neue Einsatzfelder, bei denen dem Klang der Stimme eine enorme Wichtigkeit zukommt. Es gibt mittlerweile schon so etwas wie „Telefonverkäufer". Sie versuchen über das Medium Telefon, Dienstleistungen und Produkte an den Mann zu bekommen. Man braucht aber nicht nur im großen Stil an den Einsatz von Stimme zu denken. Die eigene ganz persönliche Stimme gut „im Griff" zu haben, ihr Ausstrahlung geben zu können, schafft Selbstvertrauen. Mit der eigenen Stimme darüber hinaus alle „Register" ziehen zu können, verschafft Vorteile nicht nur in Diskussionen.

Leider wird heute einer guten Stimmpflege viel zuwenig Augenmerk geschenkt. An der Schule gibt es neben sporadischem Singen und Lesen kein effektives Stimmtraining. Man denkt oft nur an seine Stimme, wenn sie Probleme macht.

In anderen Kulturen wird dem Klang einer Stimme viel bewußtere Aufmerksamkeit gewidmet. In der alten japanischen Kultur weiß man zum Beispiel von jeher, daß besonders die Stimme Auskunft über Glaubwürdigkeit im privaten und geschäftlichen Bereich gibt.

Es geht eigentlich in allen Berufs- und Lebenslagen um gute stimmliche Umsetzung des Gesprochenen. Auf eine müde, rauhe und unangenehme Stimme werden nur wenige hören. Gerade in meinem Berufsbereich – ich bin Geistlicher – kommt es heute mehr denn je auf eine gute stimmliche Gestaltung der „Frohen Botschaft" an.

Die folgenden Ausführungen können deshalb zur Auseinandersetzung mit der eigenen Stimme anregen und für den „stimmlichen Alltag" einige einführende Hinweise geben. Dieses kleine Buch ist zwar von einem Geistlichen verfaßt, aber deshalb nicht nur für die Hand eines Geistlichen bestimmt. Es ist für den praktischen Stimmeinsatz geschrieben und somit nicht immer streng systematisch angeordnet. Jeder kann damit aber seine ganz persönliche Stimme entfalten und seine Aussprache verbessern. Um es vorwegzunehmen: Dieses Buch lebt davon, daß Sie aus der Fülle von manchmal auch unkonventionellen Anregungen (zum Teil auf Grund jahrelanger Beobachtungen und eigenen Experimenten gewachsen) die heraussuchen, die Ihrer Stimme „guttun". Haben Sie den Mut, auch selber kreativ zu werden! „Variatio delectat" (Abwechslung erfreut) hieß es im alten Rom. Seien Sie bei Ihrem individuellen Training immer „variantenreich", um festeingefahrene „Schienen" zu vermeiden. So geben Sie Ihrer Stimme immer wieder die nötigen Trainingsreize. Beachten Sie bitte, daß viele Übungen und Tips oft mehrdimensional angelegt sind. Eine Übung, die ich vielleicht unter Artikulation angeführt habe, kann dann durchaus auch für bessere Atemtechnik stehen, auch wenn sie nicht zweimal aufgeführt wird.

Steigen Sie in die Lektüre ein, und stellen Sie sich Ihr erfolgreiches „Stimm-Menü" zusammen.

I.

Die menschliche Stimme – Tor zum Mitmenschen

1. Der Ton macht die Musik

Dem heiligen Bernhard von Clairvaux (um 1090–1153, gilt als 2. Stifter des Zisterzienserordens) wurde wegen seiner mitreißenden Predigergabe der Ehrentitel „Doctor mellifluus" („honigfließender Lehrer") verliehen. Von ihm wird folgendes berichtet: Er predigte oft vor Zuhörern, die ihn rein sprachlich nicht verstanden. Nun soll etwas ganz Eigenartiges passiert sein. Immer, wenn er sich in diesem Fall eines Dolmetschers bediente, seien seine Predigten beim Publikum gar nicht so gut angekommen. Wenn er aber ohne Dolmetscher predigte, soll er riesige Erfolge gehabt haben. Wenn etwas daran wahr ist – welch gewaltige stimmliche Ausstrahlung muß er besessen haben. Wie angenehm und überzeugend muß seine Stimme geklungen haben!

Manche Stimmtherapeuten vertreten auf Grund von Untersuchungen die Ansicht, daß dem Klang und Ausdruck der Stimme oft mehr Bedeutung zukommt als dem, was man eigentlich sagen will. Joan Kenley, die jahrelang als „Die Stimme Amerikas" galt, führt eine Untersuchung auf, die bereits Anfang der siebziger Jahre nachwies, daß dem Klang der Stimme gut fünfmal soviel Bedeutung zukommt wie den Worten (Stimme und Erfolg, S. 28). Der Zuhörer wird bewußt oder unbewußt oft weit mehr von der stimmlichen Gestaltung einer Aussage getroffen als von ihrer Substanz – kurz gesagt: Verpackung kommt vor dem Inhalt.

Kürzlich wurde in einer Fernsehzeitung (Hörzu, Heft 41, S. 7) eine Frau interviewt, die allein auf rund 16 000 Kilometern ganz Afrika durchwanderte. Man fragte sie (ich zitiere wörtlich): „Sie sind der erste Mensch, der Afrika zu Fuß durchquert hat. Waren Sie zum Schutz bewaffnet?" Antwort: „Nein. Die Stimme ist die beste Waffe. Gefährliche Situationen in Afrika – und das gilt eigentlich auch hier – konnte ich am wirksamsten mit sanftem, ruhigem Sprechen entschärfen. Selbst wenn man die Landessprache nicht beherrscht."

Aus diesem Beispiel könnte man erahnen, wieviel an Bedeutung der Stimme zukommt. Nicht nur im Beruf, sondern in jeder Lebenslage, kann eine gut eingesetzte Stimme von Vorteil sein.

Wichtige Erkenntnisse über den Einfluß der Stimme haben sich leider immer wieder auch die großen Verführer der Massen zu eigen gemacht. Wie wichtig wäre es jedoch, die Stimme für das Gute in der Welt einzusetzen.

2. Übung macht den Meister

Man ist heute noch beeindruckt, welch große Anstrengungen in bezug auf Stimmtraining große Redner des Altertums auf sich nahmen.

Der größte griechische Redner, Demosthenes (384–322 v. Chr.), richtete sich gar einen unterirdischen Übungsraum ein, der heute noch erhalten ist. Täglich ist er in diesen hinabgestiegen, um seine Stimmkraft zu üben. Ja, er ließ sich einmal sogar die Hälfte seines Kopfes kahlscheren, um sich so zu größerer Ausdauer zu zwingen. Denn hätte er sein Haus vor der selbstgesetzten Übungsfrist verlassen, hätten ihn ob seiner skurrilen Haarpracht alle Leute ausgelacht.

Auch Cicero (106–43 v. Chr.), Roms berühmtester Redner, hatte anfänglich mit seiner schwach ausgebildeten Stimme zu kämpfen; er erwog sogar, seine politische Laufbahn gänzlich aufzugeben.

Große christliche Prediger waren meist auch in Rhetorik ausgebildet (der heilige Augustinus brachte es sogar bis zum „Professor").

Das Training der eigenen Stimme hatte in der Antike noch seinen festen Bestand in der Ausbildung.

Vernünftiges Stimmtraining in den Alltag eingebaut, nimmt nicht viel Zeit weg (es gibt viele Arbeiten und Tätigkeiten, die durch Übungen „untermalt" werden können). Ja, es kann Spaß machen, weil viele der möglichen Übungen auch gute „Nebeneffekte" zeigen (wer zum Beispiel an Fremdsprachen die Artikulation übt und ein paar „Brocken" dabei behält, fährt sicher nicht schlecht dabei). Auf jeden Fall zahlt sich regelmäßiges Üben aus, aber „ohne Fleiß kein Preis". Die Bibel drückt es im Buch der Sprichwörter, Vers. 21,5 viel poetischer aus:

„Die Pläne des Fleißigen bringen Gewinn,
doch der hastige Mensch hat nur Mangel."

Ein dringender Hinweis für alles Stimmtraining: Sollte Ihre Stimme einmal gereizt sein, sollten Sie heiser sein, unter Erkältung oder Grippe leiden, dann haben Sie Mut zur Stimmschonung. In diesem Fall halten Sie die Stimmbänder in erster Linie durch heiße Tees feucht, und bei wirklichen Stimmproblemen scheuen Sie nicht die Konsultation eines Arztes.

II.

Der eigenen Stimme
auf die Spur kommen

Um es gleich vorwegzunehmen: Um der eigenen Stimme gut „auf die Spur" zu kommen, gilt es immer wieder auch das eigene Gehör zu schärfen.

Es ist interessant, daß Untersuchungen an den Tag legen, daß man spontan auf Grund der Stimme bestimmte Vorstellungen mit einer Person verbindet. Und noch wissenswerter ist es, daß dieser erste Eindruck in vielen Fällen auch richtig ist. Versuchsreihen haben das erwiesen (nachzulesen bei Rudolf Spieht, Menschenkenntnis im Alltag, S. 202). Man kann mit einer wohltönenden, sympathischen Stimme zu einem gewissen Teil Einfluß auf sein Gegenüber nehmen (dies ist durch das Stimmtraining möglich).

Testen Sie diese Erkenntnis ab und zu einmal spielerisch selbst. Schalten Sie den Fernsehapparat ein ohne hinzusehen, suchen Sie ein geeignetes Programm heraus (keinen synchronisierten Spielfilm), hören Sie auf eine Stimme, und beurteilen Sie Geschlecht, Alterseindruck, Größe, Typ, und schauen Sie dann erst hin. Sie können so hervorragend Ihr stimmliches Gehör schärfen, und Sie werden merken, daß Sie mit Ihrem spontanen Eindruck oft richtig liegen.

1. Der Grundton muß stimmen

Am Ziergiebel des berühmten Tempels von Delphi stand zu Lebzeiten des Philosophen Sokrates die Inschrift: „Erkenne dich selbst". Abgewandelt auf die Stimme könnte es heißen: „Erkenne deine Stimme". So mancher hat beim Abhören seiner Stimme von einem Tonband ein erstes Schockerlebnis. „Was, das soll meine Stimme sein?" lautet vielleicht der erstaunte Ausruf. Viele meinen vom eigenen Gefühl her, eine tiefe, gutklingende sonore Stimme zu haben und erschrecken dann darüber, wie hoch, gepreßt und „dünn" sie in Wirklichkeit klingt. Man empfindet oft nichts befremdlicher, als wenn die eigene Stimme von außen an unser Ohr dringt.

Wenn wir sprechen, hören wir normalerweise den Widerhall aller Klangkörper (Rachenraum, Nasenhöhlen usw.) in unserem Körper mit. Dies bezeichnet man als sogenannte Resonanzen. Sie werden von der eigenen Stimme während unseres Sprechvorganges hervorgerufen und sind oft nur für uns hörbar. Ein guter Kassettenrecorder oder ein qualitativ hochwertiges Diktaphon sind dagegen unbestechliche Kritiker, wenn es um eigene Stimmwahrnehmung geht. Diese technischen Hilfsmittel können annähernd widergeben, wie sich unsere Stimme an das Ohr eines Mitmenschen „heranmacht".

Vor einiger Zeit verfolgte ich am Fernsehbildschirm eine religiöse Andacht mit. Ein Geistlicher und ein Schauspieler gestalteten einen Bibeltext. Dem Schauspieler schenkte ich allein durch seine angenehme, wohltönende Stimme meine Aufmerksamkeit. Bei dem Geistlichen hatte ich leider Mühe zu folgen. Seine „schnarrende", zu hoch angesetzte Stimme leitete bei mir unwillkürlich eine innerliche Abwehrreaktion ein. Die Sprechmelodie war zudem durch eine übermäßige Sprechspannung verarmt und ließ keine Abwechslung mehr zu.

Immer wenn das Sprechen zu lange von der individuellen Mittellage abweicht, belastet es die eigene Stimme und überträgt sich auf den Zuhörer. Dazu eine praktische Situation, der ich mich oft gegenübersehe: Wenn ich den Schulunterricht aus der entspannten Mittellage meiner Stimme in Angriff nehme, sind meine Schüler viel aufnahmebereiter, als wenn ich aus mangelnder Konzentration oder aus Überreizung diese Mittellage vernachlässige. Ist die Stimme dauernd zu hoch angesetzt oder sogar in Gefahr „überzuschnappen", schalten Zuhörer oft unbewußt ab. Statt erhöhter Aufmerksamkeit erreicht man gerade das Gegenteil.

Die richtige Sprechlage befindet sich im unteren Drittel unseres Stimmumfangs (Anhaltspunkt: Der „Brustton der Überzeugung"). Es ist vereinfacht ausgedrückt, eine Lage, die mit dem geringsten Kraftaufwand der Kehlkopfmuskulatur und des Atemdrucks auskommt. Sie ist der Bereich, um den sich die Sprechmelodie auf und ab bewegen sollte. Es muß dabei das Gefühl entstehen, daß die Stimme unverkrampft und frei ausschwingen kann. Man spricht zum Beispiel meist unwillkürlich in dieser Stimmlage, wenn man etwa auf der Straße nach der Uhrzeit gefragt wird und Antwort gibt. Eine sehr gute Übung, diesen entspannten Zustand bewußt herzustellen, ist es, wenn man jemandem locker einen guten Witz erzählt.

Der bekannte amerikanische Schauspieler Jack Nicholson hat in einem Interview (siehe Joan Kenley, Stimme und Erfolg, S. 16) einmal seine Methode bekanntgegeben, mit der er versucht, den richtigen „Grundton" seiner Stimme zu finden: Er singt ein einfaches Kinderlied, läßt dabei seine Arme und Schultern möglichst locker herunterhängen, entspannt seinen Unterkiefer und hält sein Gesicht möglichst ausdruckslos. Der so erzeugte Ton ist monoton, tief und volltönend. Er schaltet seine Stimme sozusagen in den „Leerlauf". Versuchen Sie deshalb ab und zu auch einmal durch ein Ihnen bekanntes Lied, das Sie als Sprechgesang monoton „trällern", das Gefühl für Ihre „Grundstimmung" zu bekommen.

Das Einpendeln in eine bequeme, spannungsfreie mittlere „Sprechstimmlage" (auch Indifferenzlage, phonischer Nullpunkt genannt) ist die Position, von der man ausgehen sollte. Von diesem Stimmniveau kann dann eine nachfolgende Stimmleistung (Unterrichtsstunde, Predigt, Diskussion, Vortrag usw.) bequem in Angriff genommen werden. Um Übungen zu finden, seine Stimme vor Sprechleistungen in einen optimalen „Leerlauf" zu schalten, kann ich als Geistlicher ein paar unkonventionelle Hinweise einfließen lassen: Natürlich ist beim Beten der geistliche Gewinn das Hauptprodukt (Gebet ist Atmen der Seele). Wieso soll man aber das Angenehme nicht mit dem Nützlichen verbinden. Mit den Psalmen kann man während des Tages seine Stimme immer wieder auf ein gesundes Niveau einpendeln lassen. Das Ziel dabei ist eintöniges, entspanntes Rezitieren. Weitere Möglichkeiten: Dreimal am Tag erinnern die Kirchenglocken an den „Engel des Herrn". Verachten Sie auch das Rosenkranzgebet nicht; es hat durch sein vermeintliches Herunterleiern eine ganz besonders wohltuende Wirkung auf die menschliche Stimme.

Jeder findet im Tagesablauf sicher immer wieder Möglichkeiten, um seine Stimme an den „Ort" zu bringen, wo wir uns beim Sprechen wohl fühlen und keine Anstrengung verspüren. Wenn es schnell und unkompliziert gehen soll, hilft auch Zählen in Zimmerlautstärke von 1–20, eventuell mit Vorsätzen wie Umhum1, Umhum 2, Umhum 3 usw., oder man brummelt mehrmals ein bestätigendes hm-hm . . . hm-hm . . . vor sich hin (ideal ist es, wenn man dabei ein leichtes Vibrieren im Kopf wahrnimmt). Man kann auch einfach nur hingebungsvoll in sich hineinseufzen. Wichtig ist, das Kinn in einer mittleren Lage zu halten, nicht zu tief und nicht zu hoch. Die Stimme darf auf keinen Fall „zurückrutschen", gleichsam auf dem Kehlkopf sitzen, der dadurch zu viel belastet wird. Dieses sogenannte „gutturale" Sprechen (Gaumensprechen) betätigt zu stark den Kehlkopf und ermüdet und verschleißt ihn dadurch. Trotz Mittellage soll die Stimme nämlich nicht aus dem Hals „herauskommen", sondern vorne an den Lippen „kleben". Die Vorstellung, in eine „Maske" oder an die Wand zu sprechen, kann manchmal eine Hilfe für den richtigen Stimmansatz geben. Oberster Grundsatz für eigene Übungen sollte das „gute Gefühl" sein, denn nur das nützt der Stimme.

2. Leise und laut

Im Zeitalter der Mikrophon- und Lautsprecheranlagen kommt der Lautstärke nicht mehr die Bedeutung zu wie noch vor einigen Jahrzehnten. Aber es gibt nicht nur in meinem Beruf viele Situationen, wo „Durchschlagskraft" für die Stimme gefordert ist. Lehrer, die vor einer großen Schulklasse stehen, Schauspieler, die mit der Lautstärke variieren müssen, Politiker, die auch einmal in einer Debatte etwas lauter werden wollen, ja ganz banal Eltern, die mehrere Kinder zu erziehen haben, können von etwas „Stimmgewalt" profitieren.

Daneben gibt es die anderen Fälle, wo die Lautstärke sehr zurücktreten muß, wo leises und einfühlsames Sprechen angebracht ist. Meistens ist es ja auch erst der Kontrast zwischen laut und leise, der zur Aufmerksamkeit zwingt.

Beeindruckend sind Leistungen aus vergangenen Zeiten, als das Mikrophon noch ein Fremdwort war. Manchen ist heute noch die „Stentorstimme" als ein stehender Ausdruck ein Begriff. Homer berichtet in seiner „Ilias" von Stentor, einem Krieger vor Troja. Er soll das Stimmvolumen von fünfzig Kriegern zusammen besessen haben. Von Demosthenes wird berichtet, daß er sich ans Meer stellte und immer wieder versuchte, mit seiner Stimme die Meeresbrandung zu übertönen. Erst als ihm das gelang, hielt er sich für fähig, gegen die Geräuschkulisse der Volksversammlung anzutreten. Von Johannes dem Täufer kann man sich auch nicht vorstellen, daß er mit piepsiger, schwacher Stimme am Jordan Umkehr und Buße gepredigt hat. Der selige Berthold von Regensburg, Freund von Albertus Magnus, wird als größter Volksprediger des deutschen Mittelalters angesehen. Auf einem Feld bei Glatz in Schlesien soll er einmal erfolgreich vor über 60 000 Zuhörern gepredigt haben. Meine Mutter hat erst vor kurzem auf freiem Feld jemanden beobachtet, wahrscheinlich ein Schauspieler, der bei einem heftigen Sturm, den peitschenden Gegenwind mit seiner Stimme zu übertrumpfen suchte. Nebenbei bemerkt entlocken Sie (falls es niemanden stört) Ihrer Stimme öfter einmal einen „Urschrei". Das leitet Anspannung und Streß ab und kräftigt die Stimme.

Wir können die Lautstärke unserer Stimme, wie beim Radio, von ganz leise über halblaut, klar, überdeutlich, bis hin zum Brüllen verändern. Jedoch ist die „Strategie" mittlerer Intensitäten in aller Regel richtig, denn „In der Mitte liegt holdes Bescheiden", wie Goethe sagt. Jede Übertreibung in diesem Bereich löst Bumerangeffekte aus, die der Stimme nicht guttun. Die Tragfähigkeit einer Stimme hängt nämlich nicht unbedingt von ihrem Lautheitsgrad ab. Eine präzise Bildung der Laute, unterstützt durch geschmeidige Lippen- und Zungenführung, unter Ausnützung sämtlicher Resonanzräume, sind für das Volumen der Stimme entscheidender als die Lautstärke. Eine größere Lautstärke ist deshalb nicht einfach dadurch zu erreichen, daß man mit „gepreßter" erhöhter Stimme brüllt. Im Folgenden einige ausgewählte Hinweise für die „Tragkraft" einer Stimme.

– Man verstärke den Atemstrom der Stimme. Man stelle sich dabei vor, daß die Laute richtiggehend „verströmen", und entwickle dabei ein „inneres Raumempfinden", in dem man so tut, als wolle man den Raum in sich hineinnehmen. In Gedanken und Gefühl tue man so, als ob man seine Stimme an die entferntesten Zuhörer richte. Dies verleiht die Vorstellung von Reichweite und Tragfähigkeit der eigenen Stimme.

– Man verlangsame das Sprechtempo, und zwar kann das in außergewöhnlichen Fällen bis zu einem zeitlupenartigen Dehnen gehen. So sollen die Wirkungen der „schädlichen" Schallanteile möglichst gering gehalten werden, d. h. daß keine Nachhalleffekte den Stimmton überdecken. „Zum nützlichen Schall rechnet man den Direktschall und alle Reflexionen, die innerhalb von 50 ms (Millisekunden) auf das Ohr treffen und so den direkten Schalleindruck noch verstärken. Der schädliche Schallanteil hat eine die einzelnen Silben verdeckende Wirkung und besteht aus den übrigen, infolge einer langen Nachhallzeit später als 50 ms auf das Ohr treffenden Schalleindrücken" (Günther Habermann, Stimme und Sprache, S. 148).

– Man spreche so deutlich wie möglich. Eine Faustregel lautet: „Was man an Deutlichkeit zusetzt, kann man an Lautstärke wegnehmen." Dieser Hinweis entfaltet seinen ganzen Reichtum, wenn man an den Beichtstuhl mit seinem Leisesprechen denkt, um ein Beispiel aus meinem Aufgabenbereich anzuführen. Je leiser man spricht, um so größer ist die Gefahr, daß die Stimme „zurückrutscht", zu sehr belastet wird. Je deutlicher dagegen die Laute gebildet werden, um so mehr ist die Stimme durch einen guten „Vornesitz" im Bereich der Mundwerkzeuge entlastet.

– Keinen Resonanzraum behindern (darum entspannt und locker stehen) und auch kleine Resonanzräume einsetzen (z. B. den „Mundvorhof": Lippen nicht an den Zähnen „kleben" lassen; Nase besser miteinbeziehen: versuchen Sie unauffällig, die Nasenflügel etwas zur Seite zu ziehen).

– Um die Stimme ab und zu besser kontrollieren zu können, bilden Sie mit Ihren Händen vor dem Mund einen Trichter, und sprechen Sie so hinein. Die Stimme wird so verstärkt, und man kann sich in Details besser hineinhören. Das gleiche mit anderer Akzentuierung kann man auch erreichen, wenn man mit aufgesetztem Gehörschutz (Kopfhörer) spricht.

– Man trainiere seine Stimme durch Summen in allen Variationen, mit Einzeltönen und Melodien, wobei die Lippen nicht aufeinandergepreßt werden, sondern locker bleiben sollen (gegebenenfalls sogar die Zunge zwischen die Lippen nehmen). Durch entspanntes Summen schwingen die Stimmbänder gleichmäßig auf ihrer ganzen Länge und lassen sich so kräftigen. Wenn ich einfachheitshalber, der leichteren Vorstellung wegen, von „Stimmbändern" spreche, bin ich mir durchaus bewußt, daß man anatomisch exakt von „Stimmlippen" zu reden hätte. Die Stimmlippen bestehen im wesentlichen aus Muskulatur, hauptsächlich aus dem „Musculus vocalis", und nur ihre Ränder zur Stimmritze hin, die aus elastischen Fasern bestehen, sind exakt als Stimmbänder zu bezeichnen.

– Im großen und ganzen sollten Sie aber immer wieder den Ratschlag beachten, den amerikanische Psychologen geben: „Wer leise und langsam spricht, schont sein Herz! Je lauter und je schneller dagegen ein Mensch spricht, desto mehr erhöht sich sein Blutdruck.

3. Eile mit Weile

Der Stimme werden gerade in der heutigen Zeit mit ihrer Vielfalt von Kommunikations- und Ausdrucksmöglichkeiten überdurchschnittliche Anforderungen abverlangt. Viel hängt im Alltag und Beruf von der Gesunderhaltung der eigenen Stimme ab. Wie leicht kann sie überstrapaziert werden.

Einzelnen Organen lassen sich genau umrissene Funktionen zuordnen. Wenn wir zum Beispiel vom „Sehorgan" sprechen, meinen wir das Auge. Ein „Stimmorgan" im eigentlichen Sinne gibt es jedoch nicht. Die menschliche Stimme entsteht nämlich durch ein kompliziertes Zusammenwirken verschiedener Organtätigkeiten. Muskeln spielen bei diesem Zusammenspiel eine tragende Rolle.

Obwohl es kein eigentliches Stimmorgan gibt, kann man den Kehlkopf in einem übertragenen Sinn doch als ein solches bezeichnen (vgl. Günther Habermann, Stimme und Sprache, S. 30). Ohne näher auf anatomische Grundlagen einzugehen – der Kehlkopf (Larynx) ist ein Wunderwerk aus der Schöpfung Gottes. Er ist Anfang der Luftröhre und gleichzeitig mit dem Stimmapparat ausgestattet. Schwebend hängt er nach dem „Stoßdämpferprinzip" als „Schlauch" am Zungenbein (Os hyoideum) in einem Netzwerk von vielen Muskelsträngen, die miteinander in Verbindung stehen. Knorpel haben die Aufgabe, den „Schlauch" beständig offenzuhalten und gegen Zusammendrücken zu schützen. Am bekanntesten ist der Schildknorpel (Cartilago thyreoidea), der einem Kampfschild ähnelt. Er besteht aus zwei schräg nach hinten auslaufenden Platten. Vorne im Zusammenstoß bilden sie eine Kante, deren obere Begrenzung beim Mann deutlich als Adamsapfel hervortritt.

Nach diesem bescheidenen Versuch, den Kehlkopf zu beschreiben – ein kleiner Blick auf die vielen Muskeln, die bei der Funktion beteiligt sind. Muskeln sind geprägt von Spannung und Entspannung. Man denke an den Herzmuskel, der durch die Entspannungszeit (Diastole) Momente der Erholung hat. Wenn den Muskeln keine Entspannung gegönnt wird, werden sie störanfällig. Es ist deshalb wichtig, seinen an der Stimme beteiligten Muskeln schon während des Sprechens sozusagen Entspannung zu gönnen.

Um den Bogen zu der Überschrift zu bekommen: Die Beachtung des richtigen Sprechtempos spielt dabei eine nicht zu unterschätzende Rolle. Nicht etwa das schnelle Aneinanderreihen von Wörtern kann zur Stimmschädigung führen, sondern das Auslassen von Atempausen für die Stimmerholung (Horst Gundermann, Heiserkeit und Stimmschwäche, S. 136).

Leider ist das Herausfinden des persönlichen angemessenen Sprechtempos eines der schwierigsten Kapitel. Selbst

„Profis" haben damit Probleme. Ein bekannter Nachrichtensprecher sprach kürzlich davon, daß er fast ein halbes Jahr gebraucht habe, um beim Sprechen nicht mehr so zu „rasen". Gleichwohl ist einer der Tips für „Tempotraining" im Alltag das teilweise Nachsprechen von anspruchsvollen Rundfunk- und Fernsehsendungen. Nachrichtensendungen, Kultursendungen, Übertragungen von Bühnenstücken und Hörspiele eignen sich besonders dazu, um nur einige Anregungen zu geben. Im Nachsprechen (oder Nachsummen) – oft nur kurzer Passagen – kann man sich zu seinem persönlichen Sprechtempo inspirieren lassen. Wer erfinderisch ist, findet sicher viele Stellen im Alltag, um dafür Trainingsmöglichkeiten zu finden. Der Rundfunk eignet sich etwas besser dafür, da dort das Bild, von dem das Fernsehen lebt, nicht ablenkt.

Versuchen Sie auch mit Ihrem Puls auf diesem Gebiet zu experimentieren durch sogenanntes „Pulssprechen". Legen Sie Ring-, Mittel- und Zeigefinger der rechten oder linken Hand an die Daumenseite des jeweils anderen Unterarms, und fühlen Sie so Ihren Ruhepuls (am besten entspannt dabei daliegen). Fühlen Sie sich in den Rhythmus Ihres Pulses ein, und versuchen Sie, mit dem Pulsschlag „mitzusprechen". So können Sie nach und nach Ihr individuelles Sprechtempo herausfinden, das Ihrem Typ entspricht (kontrollieren Sie sich mit dem Tonband oder Diktaphon). Der Pulsschlag läßt sich auch gut an der Schlagader beiderseits des Kehlkopfs wiederum mit den Fingern der Hand erfühlen. Vor allem erfühlen Sie dabei auch beim Sprechen das Wunderwerk Ihres Kehlkopfs.

Eine weitere gute Möglichkeit, um deutliches und langsames Reden zu gewährleisten, wäre das Sprechen mit einem Gegenstand im Mund oder zwischen den Zähnen. In der Literatur wird dazu oft ein Korken angeboten. Doch meiner Auffassung nach gibt es da viel bessere Gegenstände: Ein Apfelstückchen, ein Brotstückchen, ein Käsestückchen oder gar ein Stück Schokolade bringen da weit mehr Genuß. Man kann sie vor allem leicht auf individuelle Verhältnisse zurechtstutzen. Wenn man sie am Schluß genußvoll kaut, hat man gleich sozusagen „live" eine „Gratis-Übung" gegen verkrampfte Kiefermuskulatur (in der Logopädie versucht man durch Anhalten zu einem fiktiven „Kauakt" artikulatorische Verspannungen zu beheben: Dies wird in der Fachliteratur nach dem Erfinder „Froeschelsche Kaumethode" bezeichnet). Artikulation mit einem Fremdkörper ist äußerst effektiv und soll deshalb immer nur kurz gestaltet werden.

Im Prinzip sollte man generell nicht zu schnell sprechen. Beim langsamen Reden hat man Zeit zum Formulieren, braucht nicht so viel zu sagen, und das Gesprochene setzt sich beim Zuhörer besser fest. Psychologische Studien haben außerdem ergeben, daß man bei den Leuten als sympathisch ankommt, wenn man langsam spricht (vgl. Hinweis in: Müller/ Schuh: Denken/Reden/Überzeugen, S. 342).

4. Gib Deiner Stimme Farbe

Monotone farblose Stimmen sind nicht dazu geeignet, Aufmerksamkeit und Zuhören zu fördern. Unsere Stimme ist ein vielseitiges Musikinstrument, das viele Abstufungen und Abstimmungen zuläßt. Jede Stimme hat oft eine andere Klangfarbe und wirkt unverwechselbar wie ein Fingerabdruck. Die „Farbigkeit" einer Stimme, der man gern zuhört, setzt sich aus vielen Faktoren zusammen. Das Auf und Ab der Stimmtonhöhe („Melos" genannt) spielt eine Rolle. Daneben weckt der Rhythmus in uns den Eindruck des Lebendigen im Gegensatz zum starren, schematisierten Takt. Was eine Stimme „mitreißend" macht, ist ihre Emotionsgeladenheit. Allerdings ist die Fähigkeit, Emotionen in der Stimme zu haben, keine Fähigkeit, die man in der Schule mitbekommt. Im Gegenteil, man hört fast nur solche Vorbilder – etwa am Radio –, die völlig unberührt mit gleichbleibender Stimme über einen tragischen Unglücksfall oder über ein freudiges Ereignis berichten. Diese gewollte Sachlichkeit überträgt sich prompt auf die Zuhörer. Die guten wie die schlechten Nachrichten werden oft genug völlig ungerührt aufgenommen und sind am nächsten Tag schon wieder vergessen. Wenn jemand aufgefordert wird, mehr „Gefühl" in seine Stimme zu legen, dann spricht er oft nur lauter, bleibt aber farblos wie zuvor.

Wer dagegen geübt ist, kann auch sinnlose Silben aneinanderreihen und damit etwas für den Zuhörer ausdrücken. Der Ungeübte kann hundertmal den Jubelruf „Halleluja" sagen und es klingt doch nur wie wenn 50000 Zuschauer im Fußballstadion das Tor ihrer Heimmannschaft mit einem freudlos traurigen „Tor – Tor" bejubeln. Selbstverständlich kann man gegen das eintönige Sprechen vorgehen und sich eine angenehme Wortmelodie aneignen.

Statt „Sachlichkeit" sollte man immer wieder um „Herzlichkeit" bemüht sein, damit der Funke auf die Zuhörer überspringt. Hängt ein Verkäufer mit dem „Herz" an seinem Produkt, färbt sich seine Stimme von alleine gut ein. Wenn man von seiner Stimme (übertragen: „Stimmung") nicht selbst überzeugt ist, kann man mit Engelszungen reden und wird doch nicht die Herzen der Zuhörer rühren. Dies Problem haben oft Politiker, die im Sinne einer Parteidisziplin Dinge zu vertreten haben, von denen sie selber nicht ganz überzeugt sind. Deshalb ist der Erfolg wirklich erfolgreicher Kommunikation – egal, auf welchem Sektor – meist ein Übertragungserfolg, der von echter stimmlicher Begeisterung getragen ist.

Vor allem durch häufiges „emotionales" Sprechen von Gedichten kommt man vom eintönigen Stimmeinsatz los. Eine weitere Möglichkeit ist es, die in diesem Büchlein angeführten „Zungenbrecher" oder andere Texte in verschiedenen Stimmungslagen zu deklamieren. Man spricht traurig, freudig, hämisch, zornig, gelassen usw. Häufiges lautes Lesen mit Überprüfung des Tonbands kann nach und nach Erfolge aufzeigen.

Eine weitere Möglichkeit, die auf den ersten Blick zu passiv erscheint, ist so etwas wie „mentales" Stimmtraining. Der Begriff „mentales" Training ist aus dem Sport bekannt, wo fast keine Höchstleistung mehr ohne diese Trainingsform auskommt. Der Sportler stellt sich dabei intensiv den Bewegungsablauf in einem imaginären Wettkampf vor und baut dadurch unbewußt entsprechende Mikrospannungen in den Muskeln auf, die seine Bewegungsabläufe verfestigen. Skirennfahrerinnen trainieren etwa auf einem Fahrradergometer (Hometrainer), und vor ihnen auf einem Fernsehbildschirm laufen Sequenzen von einem Riesentorlauf ab, oder sie gehen in Gedanken vor einem Wettkampf die Rennstrecke durch. Da gerade der Stimmapparat ein sehr sensibler Bereich ist, hat diese Trainingsform hier einen guten Ausgangspunkt. Für die Praxis heißt das: Jede Konzentration auf gute „Stimmen" beeinflußt positiv den eigenen Stimmapparat. Der Besuch einer guten Theateraufführung, das Zuhören einer guten Predigt, das Anhören einer gut gesprochenen Rundfunksendung und ähnliches ist bereits unbewußtes Stimmtraining. Auf diese Weise wird das Einschleifen von „guten Stimmustern" erleichtert.

Die Stimme ist, wie schon betont, ein vielseitiges Instrument, dessen ganzes Repertoire man ausnützen sollte. Je konsequenter man in Übung bleibt, um so mehr kann man die altersbedingte „Trübung" der Stimme verhindern. So führen u. a. die zunehmende Verknöcherung des Kehlkopfknorpels zu Elastizitätsverlust des gesamten Kehlkopfbereiches. Viel zum Erhalt einer guten Stimme trägt auch eine positive Grundhaltung dem Leben gegenüber bei, und da kann ein Christ immer wieder aus vielen Quellen schöpfen.

Erst vor kurzem habe ich den über neunzigjährigen Heinz Rühmann im Fernsehen bei einem Interview gesehen. Seine Stimme hat eigentlich nichts von ihrer Faszination eingebüßt. Vor allem hat mir imponiert, daß er sein hohes Alter nicht als Verlust ansieht und wörtlich gesagt hat: „Es lohnt sich, alt zu werden."

III.

Atmung ist
die „halbe Stimme"

Ein lauter Schrei steht am Anfang eines jeden neugeborenen Menschen. Die Lungenbläschen (Alveolen) können sich nämlich dadurch entfalten, um die Versorgung mit lebenswichtigem Sauerstoff zu gewährleisten. Viel Ärzte helfen sogar nach, falls dieser entscheidende Schrei nicht von allein kommt: Sie halten dabei das Baby im „Hasenpfotengriff" an den Füßen, der Kopf baumelt nach unten. Hilft auch das immer noch nichts, so erfolgt ein kleiner Klaps auf das Hinterteil. Der Schrei eines Neugeborenen will sagen: Ich kann ohne fremde Hilfe atmen.

1. Gott schenkt Odem

Das Atmen begleitet von der Geburt bis zum Tode jeden Menschen. Atmen ist sinnfälliges Zeichen von einem lebendigen Menschen. Der Atem spielt als „Atem Gottes" in der biblischen Theologie eine nicht zu unterschätzende Bedeutung (vgl. Albert Damblon, Frei predigen, S. 55).

Uns Christen hat nicht ein blinder Zufall zum „Atmen", zum Leben gebracht, sondern „Der Herr wacht über den Atem des Menschen" (Spr 20,27); denn: „Da formte Gott, der Herr, den Menschen aus der Erde vom Ackerboden und blies in seine Nase den Lebensatem. So wurde der Mensch zu einem lebendigen Wesen" (Gen 2,7). Der Mensch als Ebenbild Gottes ist durch den „Schöpfungshauch" in besonderer Weise mit seinem Schöpfer verbunden. Keinem sonstigen belebten Wesen haucht der dreifaltige Gott so unmittelbar seinen Lebensodem ein. Wind, Hauch, Atem (hebräisch „ruah") kommt von Gott. Der Atem Gottes ist Lebensgrund für den stofflichen „Körper", der dadurch zum atmenden „Leib" erwacht. Nur der Mensch kann von sich direkt behaupten: „Gottes Geist hat mich erschaffen, der Atem des Allmächtigen mir das Leben gegeben" (Ijob 33,4). „Gottes Geist", dieser Begriff schwingt ein in die göttliche Dreifaltigkeit, weist auf den Heiligen Geist hin, der in uns lebt. „Atme in mir du Heiliger Geist, daß ich Heiliges denke", so beginnt ein schönes Gebet, das dem heiligen Augustinus zugeschrieben wird (Sie finden es vollständig am Ende des V. Kapitels).

Jeder Atemzug verbindet uns sozusagen mit unserem Schöpfer. Die Atmung des Menschen ist auf große Weise „geadelt". Ihr kommt bei dem Einsatz unserer Stimme im wahrsten Sinne des Wortes eine „tragende" Rolle zu.

2. Den Blasebalg richtig einsetzen

Soweit dieser kurze theologische Ausflug über die „Atmung". Nun der Versuch einiger anschaulicher Bemerkungen dazu, wie unsere Stimme unter dem Einfluß der Atmung zustande kommt:

Die Lungen, zwei „Beutel", die sich mit Luft füllen lassen, stehen am Anfang. Gefüllt werden sie durch einen „Blasebalg", das Zwerchfell. Vereinfacht ausgedrückt: Wenn sich der Bauch nach vorne wölbt, wird das Zwerchfell, das mit den Lungen in Verbindung steht, nach unten gezogen und saugt Luft an (Hilfsvorstellung: das Zwerchfell ist der Kolben, der die Spritze – sprich Lunge – füllt, die Bauchdecke ist, sehr vereinfacht ausgedrückt, die Hand, die den Kolben – sprich Zwerchfell – herauszieht).

Über die Luftröhre gelangt der Atemstrom im Kehlkopf an die Stimmritze (Glottis). In der Ruhepause ist sie ein wenig geöffnet und hat eine spitzwinkelige dreieckige Form. Bei der Einatmung weitet sich die Stimmritze. Spricht man jedoch, legen sich die beiden parallel zur Stimmritze gelagerten Stimmbänder (besser: „Stimmfalten") aneinander. Es stellt sich also ein „Hindernis" entgegen, das bei einem gewissen Druck gesprengt wird und die Stimmbänder in Schwingungen versetzt. Zur besseren Vorstellung noch ein Vergleich, der zwar etwas hinkt, aber das Prinzip erklärt: Aus der Kindheit ist vielleicht noch bekannt, wie man einem Grashalm Töne entlockt. Man legt die Daumenballen aneinander, spannt einen Grashalm dazwischen (auf den Kehlkopf übertragen müßten es genaugenommen zwei Grashalme sein), bläst dagegen, und mit etwas Glück entstehen dann durch die Schwingungen des Grashalms Töne. Wenn man sich noch ansatzweise vorstellt, daß durch Stellknorpel am Ende der Stimmbänder die unglaublichsten Schließ- oder Öffnungsvariationen erreicht werden, kann man nur staunen.

Staunend steht man auch vor der Anzahl der Schwingungen unserer Stimmbänder pro Sekunde! Das menschliche Auge kann nur 8 verschiedene Bilder in der Sekunde wahrnehmen, mehr nicht. Ein Film läuft deshalb mit 16 oder 24 Bildern. „Bei der Stimme . . . erfolgen unter dem scheinbaren Stimmritzenverschluß bei der Phonation ca. 120 Schwingungen" (Günther Habermann, Stimme und Sprache, S. 43).

Richtiges Atmen bringt nicht nur Frische in den Körper, sondern: Atmen trägt die Stimme, ist gewissermaßen der Motor. Sprechen ist eigentlich Ausatmung, wenn man es genau betrachtet. Sehr oft ist längeres Reden ohne Zwischenatmung erforderlich. Die richtige Dosierung des vorhandenen Atems kann man lernen. Der Vorgang des Ein- und Ausatmens sollte leicht, locker und entspannt ablaufen. Zu schnelles Ein- oder Ausatmen macht unsere Stimme unkontrollierbar. Man sollte nur so viel Atemvolumen bereithalten, wie für die beabsichtigte Wort- oder Satzfolge erforderlich ist. Wenn wir von der richtigen natürlichen Atmung abweichen (zu schnell oder zu langsam), mindert das den Wohlklang unserer Stimme. Sie klingt gequetscht, hektisch, zu rauh oder gar saft- und kraftlos. Wichtig ist, daß wir ruhig ein- und ausatmen und vor allem tief atmen.

Gutes Einatmen gelingt am leichtesten, wenn man ab und zu die Vorstellung einfließen läßt, als würde man an einer Blume riechen. Man atme ganz natürlich und entspannt etwa so, als würde man sich mit jemandem über das Wetter unterhalten oder eine belanglose Unterhaltung führen. Schwierig ist oft der Beginn einer Predigt, Rede usw., denn man ist aufgeregt und hat vielleicht etwas Angst. Atmen Sie deshalb vorher ganz tief aus (das beruhigt), und beginnen Sie dann nach einem ruhigen Atemzug die Luft verströmend zu sprechen.

Es gibt verschiedene Formen der Atmung. Um es gleich vorwegzunehmen, einen gänzlich ungemischten Atmungstyp gibt es nicht. Die Atmungsform eines Menschen kann sehr persönlich sein, vermutlich ist sie sogar genetisch geprägt (so etwa meint Prof. Gundermann, Heiserkeit und Stimmschwäche, S. 79). Deshalb sollte man nicht isoliert irgendeinen Atmungstyp bevorzugen. Wenn man von einer Schulteratmung, Brustatmung, Bauchatmung und von Flankenatmung oder Zwerchfellatmung spricht, so heißt das nur, daß ein bestimmtes Muskelgebiet in seiner Rolle für die Atmung überwiegt. Selbstverständlich stehen dabei die anderen Teile der Atmungsmuskulatur nicht still.

Das Vor und Zurück der Bauchdecke, das jeder spüren und ertasten kann, kennzeichnet die Bauchatmung. Das Zwerchfell wird dadurch zusammengezogen und tritt tiefer (dies wird nicht erfühlt, weil das Zwerchfell keine empfindenden Nerven besitzt). Wird die Bauchatmung mit der Flankenatmung kombiniert – als Flanken bezeichnet man die unteren Seitenteile des Brustkorbs –, spricht man von der Zwerchfellflankenatmung. Hierbei kann das Zwerchfell seinen größten „Hubraum" entwickeln, und es werden nicht nur die oberen Teile der Lungenflügel – wie bei reiner Schulter- oder Brustatmung – in die Arbeit mit einbezogen. Schon ein kleines Baby zeigt beim Schreien und in Ruhe diesen Atemtyp der Zwerchfellflankenatmung. Er liefert physiologisch den größtmöglichen Nutzen. In der neueren Physiologie wird dieser Atemtyp deshalb als erstrebenswert hingestellt, da er die natürliche Anordnung der Organe voll ausnützt. Dieses Wissen sollte man bei sich im Hinterkopf tragen und eventuell bei Übungen berücksichtigen, aber nicht krampfhaft versuchen, seinen eigenen Atemablauf von heute auf morgen zu verändern. Man könnte dabei fast mit Goethe sagen: „Die hohe Kraft der Wissenschaft, der ganzen Welt verborgen. Und wer nicht denkt, dem wird sie geschenkt, er hat sie ohne Sorgen."

Spielerischer Umgang mit der eigenen Atmung ist deshalb die beste Devise.

Wie man atmet, hängt auch von der seelischen und körperlichen Verfassung ab. Mit dem Glauben im Rücken kann aber jeder gelassen und ruhig „durchatmen".

3. Atmung, die rastet, rostet

Bewegung war früher noch viel mehr in den Alltag des Menschen integriert. Ich kenne, um in meiner Berufsgruppe zu bleiben, noch Geistliche, die täglich bis ins hohe Alter zwei Stunden spazierengegangen sind. In vergangener Zeit gehörte Bewegung, Disziplin im Tagesablauf zur asketischen Ausbildung eines Priesters. Durch die allgemeine körperliche Bewegung haben die Menschen damals – ohne zu verallgemeinern – automatisch tiefer und dadurch besser geatmet. In der Hast und Hektik unserer Tage mit der Bewegungsarmut ist die Fähigkeit zu natürlichem, entspanntem und rhythmischem Atmen leider oft verlorengegangen. Durch sitzende Tätigkeit sind viele Menschen heute zu „Flachatmern" geworden. Man teste sich einmal selber: Wie viele Male atmet man in der Minute? Nur wer für ausreichend Bewegung in seinem Tagesablauf sorgt, atmet meist ganz automatisch tief und ausreichend. Die meisten Menschen atmen 14- bis 18mal pro Minute flach ein und aus. Obwohl richtiges Atmen für die Stimmführung Goldes wert ist, wird der richtigen Atmung keine Beachtung geschenkt. Nach und nach sollte man versuchen, durch einen vernünftigen Bewegungseinbau (es müssen keine gequälten Hochleistungen sein) mit weniger Atemzügen pro Minute auszukommen. 10- bis 12mal Atemholen wären ein erster Anhaltspunkt in dieser Richtung. Die Lunge kann etwa drei Liter Luft fassen, doch die meisten Menschen nehmen pro Atemzug nur einen halben Liter Luft auf.

Um für ausreichend Bewegung zu sorgen, muß man erfinderisch sein, wenn man nicht regelmäßig Sport treiben kann oder will. Ich kann da aus eigener Erfahrung berichten: Als ich auf eine Pfarrstelle kam, stand ich vor der Entscheidung, wo ich mein Büro- und Arbeitszimmer einrichten sollte. Ich hatte die Wahl zwischen dem Erdgeschoß und dem ersten Stock. Bequemer wäre natürlich das Erdgeschoß gewesen – ich hätte nicht soviel Treppensteigen müssen. Da ich aber von meinem Sportstudium wußte, daß Treppensteigen eine der intensivsten Trainingsarten für die Erhöhung des Atemvolumens darstellt, gab ich, ohne mit der Wimper zu zucken, dem ersten Stock den Vorzug. Scheinbar ist es beschwerlicher, wenn ich mich mehrmals am Tag nach unten und wieder nach oben bewegen muß, aber auf die Dauer gesehen hält dieser kleine „Trick" meine Atmung einigermaßen fit (allein schon das Tempo und wieviel Treppen man „nimmt" fordern zur Variation heraus). Schon Konrad Adenauer soll seine körperliche Frische bis in ein hohes Alter der Tatsache zugeschrieben haben, daß er fast täglich eine ganze Anzahl von Stufen bis in sein Büro steigen mußte. Nebenbei – von Demosthenes wird berichtet, er habe zur Übung im raschen Gehen, Laufen oder sogar im Steigen gesprochen oder mit angehaltenem Atem Gedicht- und Redepartien vorgetragen. Wer Mut zur Kreativität hat, kann durch diesen großen Redner leicht zu eigenen Übungen ermutigt werden.

Daneben bietet sich das Fahrrad in vorzüglicher Weise an, die Atmung zu trainieren. Wer viel zu Fuß geht (wenn möglich als sogenanntes „power-walking" = noch kein Jogging, aber schneller als normales Gehen), hält seine Atmung und damit seine Ausdauer auf hohem Niveau. Wenn man sich dabei nur so flott bewegt, wie man noch durch die Nase atmen kann, ist die Gefahr der Überanstrengung gering. Wer schon geübter ist und es sich zutraut und wenn es die Gesundheit zuläßt, versuche jeden Tag einmal „außer Atem" zu kommen.

Eine besonders effektive Übung, die sich dazu in den eigenen vier Wänden durchführen läßt, ist folgende: Man simuliere Seilspringen, indem man hüpft und gleichzeitig dabei die Arme kreisen läßt. Vorsichtig kann man nach und nach die Anzahl seiner Sprünge steigern. Das Ziel könnte nach folgender Faustregel aufgebaut sein, die besagt: 500 Sprünge in fünf Minuten durchgeführt, ersetzen in ihrer Intensität ungefähr eine halbe Stunde Waldlauf. Für mich ist diese Übung besonders wertvoll, weil ich ein interessantes Nebenprodukt dabei herausgefunden habe. Beim entspannten Hüpfen, Kopf aufrecht, damit der Hals nicht eingeengt wird, hüpft auch der Kehlkopf leicht mit. Überanstrengungen und Verkrampfungen lassen sich oft auf diese einfache Weise lösen.

Auch der an der Atmung beteiligten Muskulatur sollte ein klein wenig Aufmerksamkeit geschenkt werden, damit sie nicht gänzlich verkümmert. Die Bauchdecke öfter während des Tages einmal kurz und kräftig einziehen (wirkt sich nebenbei auch wohltuend auf den Darm aus). Den Brustkorb dehnen und recken, indem man die Arme nach oben oder zur Seite streckt und dabei die Schulterblätter eng zusammenziehen. Überhaupt ist zwangloses Dehnen und Strecken eine gute Möglichkeit, die Atemmuskulatur am Morgen in Schwung zu bringen, ohne den Kreislauf dabei zu sehr zu belasten. Man beobachte einmal eine Katze, wenn sie hinter dem Ofen hervorkriecht und ihren Körper dehnt und streckt.

Um beim Ausatmen seine Leistungsfähigkeit zu beurteilen und zu trainieren, probieren Sie, mit weit geöffnetem Mund (also nicht mit gespitzten Lippen) nach tiefem Einatmen ein Streichholz aus einiger Entfernung auszublasen (beginnen Sie mit einer Handspanne Abstand vom Mund, und steigern Sie sich auf Ellbogenabstand). Ihr persönlicher Rekord? Auch Kerzen lassen sich zur Überprüfung einsetzen: Versuchen Sie einmal mehrere hintereinander auf einem Teller aufgestellte Kerzen auszublasen.

Übrigens bevorzugen Sie bei der Einatmung, wenn es irgendwie geht, die Nasenatmung. Sie hat folgende Vorteile:

– Erwärmung der Atemluft durch die Blutgefäße auch bei niedrigen Außentemperaturen auf etwa 37 Grad.

– Anfeuchtung der Atemluft durch die feuchten Nasenschleimhäute, was vor Austrocknung der Kehlkopfschleimhäute bewahrt.

– Säuberung der Atemluft durch die mit Flimmerhaaren überzogene Nasenschleimhaut von Staubpartikeln.

– Verbesserung der Klangfarbe der Stimme durch die luftgefüllten Nebenhöhlen.

Durch Lesetests kann man immer wieder ab und zu die momentane eigene Atemkapazität überprüfen. Man nehme etwa die Bibel, atme ein und lese dann, soweit der Atem reicht, einige Zeilen in normalem Tempo laut vor. Wie weit kommt man mit einem Atemzug? Notieren Sie das Ergebnis, und versuchen Sie die Leistung zu steigern. Ein kleiner Anfangstest: Schaffen Sie folgendes kleines Gedicht von Goethe in einem Atemzug zu deklamieren?

„Im Atemholen sind zweierlei Gnaden:
Die Luft einziehen, sich entladen;
Jenes bedrängt, dieses erfrischt.
So wunderbar ist das Leben gemischt.
Du danke Gott, wenn er dich preßt,
Und dank ihm, wenn er dich wieder entläßt."

4. Lachen zum Wohl der Stimme

Dieser Abschnitt geht auf einige Körperreaktionen ein, die man mit der Atmung verbinden kann und die auch indirekt der Stimme nützen.

Da ist zum Beispiel der Gähnreflex, der die Atemmuskulatur dehnt und mehr Luft einströmen läßt, was wiederum Müdigkeit überwinden hilft. Daneben bewirkt und trainiert das „Höflichkeitsgähnen" mit geschlossenem Mund auch die Erweiterung der Schallräume.

Weinen erzeugt eine mehr hechelnde Atmung und löst somit Verkrampfungen. Seufzen und Stöhnen lassen mehr Luft einströmen und bauen ebenfalls Spannungen ab.

Eine Körperreaktion halte ich in bezug auf den Stimm- und Atmungsapparat für besonders wertvoll. Die Überschrift hat es schon verraten. Es ist das Lachen, das ja in verschiedensten Nuancen auftreten kann. Schon ein glückliches Gesicht wirkt sich beruhigend auf den ganzen Körper aus. Testen Sie selbst die Heilkraft des Lächelns auf Ihre Stimme. Befreiendes Lachen schüttelt das Zwerchfell, die Atmung wird weicher und tiefer. Inzwischen wurde die Psychologie des Lachens auch gründlich untersucht. Die Ergebnisse stützen die alte Weisheit, daß Lachen die beste Medizin ist. Beim Lachen wird jedes Körperorgan dermaßen positiv beeinflußt, daß man es auch als „Jogging auf der Stelle" bezeichnet hat (Jane Lyle, Körpersprache, S. 55). Die Atmung beschleunigt sich, man atmet tiefer durch die Stimmritze ein und aus. Gesicht, Hals und Schultern sowie Unterleib und Zwerchfell sind intensiv in den Lachvorgang mit einbezogen. Darüber hinaus senkt sich der Blutdruck, während sich die Blutgefäße nahe der Hautoberfläche dehnen und der Kreislauf sich deshalb bessert. Beim Lachen erhöht sich die Sauerstoffmenge im Blut, was den zarten Regionen des Kehlkopfs besonders guttut. Lachen verringert den Pulsschlag, und kann somit das „Flattern" der Stimme bei Aufregung eindämmen.

Einer, der das Lachen eingehend erforscht hat, ist ein französischer Neurologe namens Henri Rubinstein. Er hat unter anderem herausgefunden, daß eine Minute Lachen bis zu fünfundvierzig Minuten danach dem Körper und damit auch der Stimme Entspannung verschaffen kann (vgl. Jane Lyle, Körpersprache, S. 55).

– Machen Sie deshalb möglichst oft Sprechübungen mit guten Witzen, und lachen Sie herzhaft darüber.

– Schauen Sie sich im Fernsehen gute lustige Filme an.

– Seien Sie sich nicht zu schade, mit den als Artikulationshilfen genannten lustigen Zungenbrechern zu üben.

Beherzigen Sie zum Wohl Ihrer Stimme das schöne Gebet des hl. Thomas Morus (Gotteslob, S. 35):

„Herr, schenke mir Sinn für Humor,
gib mir die Gnade, einen Scherz zu verstehen,
damit ich ein wenig Glück kenne im Leben und anderen davon mitteile.

IV.

„Stimme" lebt von Aussprache

Die im Folgenden vorgebrachten Übungsanregungen überschneiden sich oft. Bei der Kompliziertheit der Artikulation gibt es nur sehr wenige streng auf einzelne Aspekte isolierte Übungen. Diese sind lediglich als Anregung zum Weiterarbeiten aufzufassen. Sie zielen, obwohl bei einem bestimmten Abschnitt aufgeführt, oft auf das gesamte Gebiet der Artikulation.

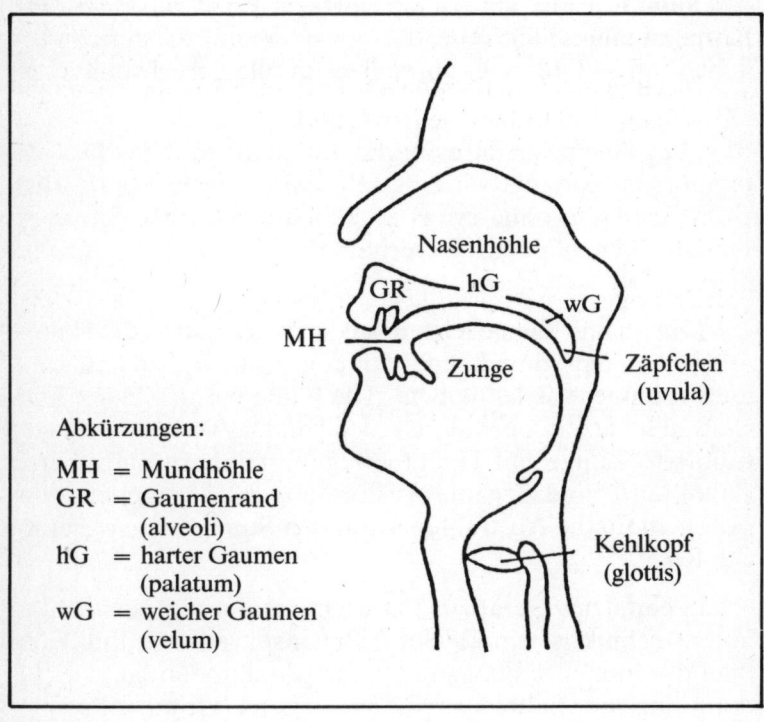

Nasenhöhle

GR   hG   wG

MH

Zunge   Zäpfchen
(uvula)

Abkürzungen:

MH = Mundhöhle
GR = Gaumenrand
        (alveoli)
hG = harter Gaumen
        (palatum)
wG = weicher Gaumen
        (velum)

Kehlkopf
(glottis)

Das Schaubild auf der Vorseite veranschaulicht im Querschnitt durch den menschlichen Kopf einige der für die Bildung der einzelnen Laute bedeutsamen anatomischen Gegebenheiten (Werner/Hundsnurscher, Linguistik I, S. 46).

1. Eine Prise Phonetik

Die Phonetik (=Lautlehre) setzt sich zur Aufgabe, die physiologischen (funktionellen) und physikalischen (materiellen) Voraussetzungen bei der Lautbildung darzustellen. Jede Einstellung und Bewegung der „Sprechorgane" bringt in Verbindung mit verschiedenen Resonanzräumen einen bestimmten akustischen Eindruck hervor. Die Bewegung der „Sprechorgane" wird dabei als „Artikulation" bezeichnet. Wer etwas über Artikulationsmöglichkeiten Bescheid weiß, kann gezielt zu ihrer Veredlung beitragen.

Albino Luciani, der frühverstorbene Papst Johannes Paul I., mahnt einmal alle jene, die besonders mit Kindern zu tun haben (und ich führe es an, weil es für alle Sprechsituationen gilt):

– „Leg eine besondere Sorgfalt auf deine Stimme. Das Minimum, das verlangt wird, besteht darin, die Worte deutlich zu artikulieren, ohne etwas zu überstürzen, ohne Silben zu verschlucken, ohne sich zu verhaspeln" (Unseren Kindern zuliebe, S. 36).

– Lippen und Zunge leisten bei der Artikulation die Hauptarbeit. Um die Stimmbänder mit dem Kehlkopf zu entlasten, muß es immer wieder heißen: „Die Laute vorne bilden." Dies weiß zu schätzen, wer viel zu reden hat. Das verlangt eine guttrainierte Zunge mit Hauptbewegungstendenz zum oberen Zahnkranz. Eine elegante Ausformung der Lippenbewegungen spielt für die Abstrahlungskraft der Stimme eine wesentliche Rolle.

Ein einfaches Gerät zur Beobachtung der eigenen Artikulationstechnik ist ein kleiner Taschenspiegel. Mit ihm kann man die Lippenstellungen und Zungenaktionen bei der Bildung einzelner Laute überprüfen. Diesen „Artikulationsspiegel" sollte man für das eigene individuelle Übungsprogramm immer griffbereit haben. Hier einige kleine sprechmotorische Basisübungen für Lippen und Zunge, die die eigene Phantasie für weitere Übungen anregen sollen:

Lippen:

   – Schnute machen

   – Zähne fletschen

   – Pfeifen

   – Wenn Sie die Möglichkeit haben, irgendwo billig ein kleines Jagdhorn zu erwerben, greifen Sie zu. Versuchen Sie dem Instrument (falls es nicht stört) Töne ganz zwanglos allein durch intensive „Lippenspannung" zu entlocken.

   – Auch ein Panflöte oder eine Mundharmonika hilft Lippenspannung gut in Schuß zu halten. Wer vor dem Schlafengehen zum Beispiel etwas meditativ auf diesen Instrumenten phantasiert und dabei „abschaltet", kommt sicherlich leichter ins Reich der Träume.

Zunge:

   – sprechen: La–le–li–lo–lu . . . oder ta–te–ti–to–tu . . .

   – Zunge herausstrecken und eventuell dabei versuchen, die eigene Nasenspitze zu berühren.

   – Die Zungenspitze beult jeweils abwechselnd die rechte und linke Wange aus.

   – Eines der besten Hilfsmittel für Zungentraining ist eine Blockflöte (gibt es in allen Preislagen). Man braucht, um spielerisch zu „flöten", auch dieses Instrument nicht unbedingt gelernt zu haben (beim Hineinblasen ist es nur wichtig, mit gespitzten Lippen deutlich die Silbe „dü" zu bilden . . .

   – Eine zweckdienliche Übung für gute Artikulation ist auch das übertrieben deutliche Nachsprechen von fremdsprachlichen Sätzen. Neben unwichtigen Arbeiten kann man fremdsprachliches Radio oder auch Sprachkassette ablaufen lassen. Wenn als „Dreingabe" eine erste Bekanntschaft mit einer fremden Sprache entsteht, kann das ja nur von Vorteil sein.

– Auch die Bibel hat eine ganze Menge Wörter und Passagen, mit denen man Geschmeidigkeit von Zunge und Lippen steigern kann. Die Stammbäume (Genealogien) mit ihren für uns ausgefallenen Namen eignen sich nämlich besonders gut dafür. Allein das erste Buch der Bibel (Genesis) ist eine wahre Fundgrube an Übungsmaterial. Durchforschen Sie doch einmal selber das Alte und auch Neue Testament.

Einige Beispiele:

  – Gen 4,25–5,32 (Die Nachkommen Sets)
  – Gen 10,1 –32 (Die Nachkommen Noahs)
  – Gen 11,10–32 (Die Vorfahren Abrahams)
  – Gen 22,20–24 (Abrahams Verwandtschaft)
  – Gen 25,1 –6 (Die Nachkommen Abrahams)
  – Gen 25,12–18 (Der Stammbaum der Ismaeliter)
  – Gen 35,21–29 (Die Söhne Jakobs)
  – Gen 36,1 –42 (Die Nachkommen Esaus)

2. Das Fleisch: die Vokale

Bei den Vokalen dienen als einzige Schallquellen zur Erzeugung des Tones die Stimmbänder. Der in Schwingung versetzte Luftstrom legt dabei ungehindert seinen Weg zurück. Immer wenn die Stimmbänder schwingend im Spiel sind, spricht man von „stimmhafter" Lautbildung. Alle Vokale tragen dieses Merkmal „stimmhaft".

Die Unterschiede der einzelnen Vokale resultieren aus der unterschiedlichen Gestaltung von Resonanzraum in der Mundhöhle. Dabei spielen die Kieferstellung, Lippenhaltung und Zungenlage ihre je eigene Rolle.

Wer Vokale locker und entspannt bildet, kann viel für die Pflege seiner Stimme (Stimmhygiene) tun. Reine Vokalübungen sind immer auch gute Atemübungen. Nicht nur Opernstars wie Placido Domingo trainieren so ihre Atemmuskulatur. Vokalsprechen macht die Aussprache klangvoll, erfrischt den Atem und bewirkt eine gesundheitliche Anregung.

Vokalübungen wirken sich nämlich wohltuend auf unsere inneren Organe aus. Die entstehenden Schwingungen regen, wenn auch in begrenztem Maße, die Durchblutung an.

Jetzt einige bescheidene Hinweise zu den Vokalen mit kleinen Übungsanregungen. Eine Orientierungshilfe für systematisches Üben kann dabei das sogenannte „Vokaldreieck" übernehmen. Es reiht die Vokale hauptsächlich danach, ob sie „vorne" oder weiter „hinten" gebildet werden.

$$i$$
$$e \qquad\qquad o$$
$$a \qquad\qquad\qquad u$$

Eine weitere Art der Anordnung geht von der Lippenöffnung aus.

$$\text{Weit} - i, e, a, o, u - \text{eng}$$

– a: Zuerst ausatmen, dann genußvoll „riechend" tief einatmen. Den Mund wie ein „Scheunentor" öffnen und auf „a" ausatmen, solange der Luftvorrat reicht. Der Mund wird soweit geöffnet, bis der Unterkiefer nachgibt (ein Finger hat bequem zwischen den Zähnen Platz). Die Zunge wird dabei kräftig nach unten gedrückt. Das „a" soll sauber und klar klingen. Dabei werden der Magen und der Brustkorb sanft „massiert".

„Die Sonne sank, der Abend naht,
Und stiller wirds auf Straß und Pfad,
Und süßer Friede, Ruh und Rast,
Folgt auf des Tages Sorg und Last".
(Hoffmann v. Fallersleben)

– e: Zähne zeigen bei diesem Selbstlaut! Die Mundstellung ist breit, aber flacher als beim „a). Die Mundwinkel etwas herabziehen und den Lautansatz möglichst weit aus dem Kehlkopf herausschieben, um ihn nicht zu belasten. Das „e" durchblutet Hals und Kehle, befreit von Heiserkeit und reinigt die Stimme.

Die E h e ein E hr- und L e hrstand ist,
drin man viel l e rnt zu all e r Frist.

– i: Hier vor allem die Oberlippe hochziehen. Wenn man
die Fingerspitzen leicht auf den Scheitel legt, kann man die
Schwingungen im Schädel spüren. Das „Gehirn" wird so sanft
gestreichelt.

„L ie bes K i nd, komm, geh m i t m i r
Gar schöne Spi e le, sp i e l i ch m i t d i r."

(Goethe, Erlkönig)

– o: Bei diesem Vokal werden die Lippen kreisförmig ver-
wölbt, als wollte man eine Feder wegblasen. In die Öffnung,
von den Lippen geformt, paßt gerade die Spitze des kleinen
Fingers hinein. Beim Ausatmen das „o" gedanklich nach unten drücken. Es klingt dann voll und dunkel. Das Herz und die
Herzkranzgefäße werden vermehrt durchblutet.

„Und gewinnet das Ufer und eilet f o rt
Und danket dem rettenden G o tte.
Da stürzet die raubende R o tte
Hervor aus des Waldes nächtlichem O rt,
Den Pfad ihm sperrend und schnaubet M ord."

(Schiller, Bürgschaft)

– u: Der Mund noch weiter vorgeschoben und läßt nur eine
winzige Öffnung zu. Die Zähne sind auseinanderzuhalten.
Der geformte Ton soll angenehm weich und dunkel einge-
färbt klingen wie in der Lautmalerei „muh". Das „u" drückt
das Zwerchfell hinunter und gibt Schwingungen an den Unterleib ab.

Esel d u lden st u mm,
allz u g u t ist d u mm.

Wenn man noch nicht so fortgeschritten ist, übt man die
Vokale am besten nicht isoliert, sondern immer im Zusam-

menspiel mit Konsonanten. Wieso? Beim Atmen sind die Stimmbänder, vereinfacht ausgedrückt, weit geöffnet und entlastet (entspannte Sehne eines Bogens). Die Stimmbänder legen sich vor der Tonerzeugung aneinander und werden dann geöffnet. Bei Wörtern mit Vokalbeginn, etwa dem Wort „Onkel", geschieht dies meist explosionsartig (auch als „harter" Stimmeinsatz oder „Glottisschlag" bezeichnet). Bei allzu explosionsartigem Öffnen der Stimmbänder belastet man sie in besonderem Maße. Ein typisches Fehlverhalten wäre die unüberlegte „Kommandostimme". Lehrer sind z. B. ein besonders gefährdeter Personenkreis. Darum sollte man immer wieder versuchen, den Anblasedruck auf die Stimmbänder nur langsam zu steigern. Mit einem Konsonaten vor dem Vokal mildert man diese überharte Öffnung.

Bei reinen Vokalübungen sollte man deshalb immer etwas konzentrierter vorgehen. Mit Hilfe des „Vokaldreiecks" kann man die Vokale ein Stückchen „sorgloser" im sogenannten „Tonleitereffekt" üben. Man nimmt dazu wechselnde Konsonanten und fängt dabei von links oder rechts an.

		bi		
	be		bo	
(Anfang)	ba		bu	(Ende)

Ein lustiges Übungsmittel sind die zahlreich in Umlauf befindlichen „Zungenbrecher". Auch dabei kann man dem Glottisschlag (also dem feinen „Knacklaut" bei der Sprengung) durch ein „weiches" Aneinanderbinden der Wörter seine Schärfe nehmen. Nebenbei bemerkt: Wenn man dabei lachen muß, weil manchmal viel „Nonsens" dabei ist, hat man, wie schon ausgeführt, ein wohltuendes Nebenprodukt für die Stimme. Befreiendes Lachen trägt viel zur „wohlproportionierten" Stimme bei.

Hier einige Übungsvorschläge (man ist überrascht, wie schnell dabei auch die Zunge an Beweglichkeit und Griff gewinnt):

Zungenbrecher:

- „Esel essen Nesseln gern, Nessel essen Esel gern"
- „In Ulm und um Ulm und um Ulm herum."
- „Achtundachtzig achteckige Achtecke."
- „Oft offen, hofft man offen oft."
- „Igel wiegeln Igel in Tiegeln – Wiegeln Igel in Tiegeln Igel?"

Singen oder sprechen:

- auf wechselnde Vokale: Drei Chinesen mit dem Kontrabaß gingen auf der Straße und erzählten sich was, da kam die Polizei: „Ja, was ist denn das? Drei Chinesen mit dem Kontrabaß." – Drü Chünüsen müt düm Küntrübüß güngün üf dür Strüßü ünd ürzühltün süch wüs, dü kümmt dü Pülüzü: „Jü, wüs üst dünn düs? Drü Chünüsen müt düm Küntrübüß." usw.

Ausrufe:

- „Abrakakabra . . ."
- „Igittigitt . . ."

Tierlaute:

- „miau/muh/mäh"
- „Kuckuck"
- „Kikeriki"

3. Das Gerüst: die Konsonanten

Im Gegensatz zu den Vokalen (Laute ohne Hindernisbildung) kann man Konsonanten als Laute mit Hindernisbildung beschreiben. Ein Verschluß in der Mundhöhle oder im Rachen formt den Luftstrom aus. Die Vokale geben die Farbe, die Konsonanten das Skelett der Stimme ab. Die bei den Konsonanten im folgenden gemachten Unterscheidungen sind nur als Anhaltspunkte zu verstehen und erheben keinen Anspruch auf Vollständigkeit. In der Germanistik gibt es dazu verschiedene zum Teil verwirrende Modelle, um die einzelnen Laute zu beschreiben.

Es ist nämlich zu beachten, daß Buchstaben nur das Schrift-
bild wiedergeben und noch nichts mit unserem Gehör zu tun
haben. Die Anzahl der Buchstaben entspricht nicht der grö-
ßeren Anzahl von sogenannten „Phonemen", deren Zahl für
die deutsche Sprache im großen und ganzen feststeht (ungefähr 40). Auch sie haben noch nichts mit unserem Gehörsinn
zu tun. Es handelt sich um abstrakte sprachliche Einheiten.
Sie können durch einen Laut oder mehrere Laute realisiert
werden. Ein Phonem ist vergleichbar einem sportlichen Be-
wegungsschema (z. B. der perfekt gelungene Kugelstoß), das
von verschiedenen Sportlern individuell verwirklicht wird.
Ein Phonem kann definiert werden (als kleinste bedeutungs-
unterscheidende sprachliche Einheit. Das Phonem /r/ kann so
einen Bedeutungsunterschied im Deutschen markieren (z. B.
/R/and: /W/and). Es kann für unser Gehör aber verschieden
umgesetzt werden. Als „Zungen-r" wird es an der Rückseite
der Zähne gebildet; als „Zäpfchen-r" entsteht es hinten am
Gaumen. Und damit endlich ist man bei dem kleinsten Seg-
ment, das letztendlich unser Gehör bestimmt. Man spricht
sprachwissenschaftlich von einem „Phon" (nicht zu verwech-
seln mit der Lautstärkebezeichung gleichen Namens). Ein
„Phon" entspricht dem, was man gewöhnlich als Laut bezeichnet. Es ist unmöglich, alle Phone exakt anzugeben, da
die Grenze zwischen einzelnen Lauten oft fließend sind und
vom jeweiligen Sprecher abhängen.

Im Folgenden greife ich einige für die Stimmbildung wichtigen Laute heraus. Einfachheitshalber ordne ich sie eindimen-
sional, nicht immer ganz systematisch in Buchstaben an. Da
diese kleine Abhandlung als Einführung in den spannenden
Bereich der „Stimmwelt" gelten soll, erheben meine Ausführungen keinen Anspruch auf Vollständigkeit (eine Menge
weiteres Übungsmaterial findet sich übrigens in dem Buch
von Christian Winkler: Lautreines Deutsch).

---

a) *Die Nasenlaute* (Nasale, „Brummtonlaute"): m, n, ng

Für diese Einteilung nehme ich sozusagen als Merkhilfe den
Artikulationsmodus, also die Art wie die Laute gebildet werden. In erster Linie dient hier nämlich die Nasenhöhle als Re-

sonanzraum. Beim „m" bleiben die Lippen fest verschlossen (nicht zusammenpressen). Der Luftstrom sucht sich einen Weg durch die Nasenöffnung. Das „n" gibt der Sprache einen besonders guten Klang (ein Schuß „Nasalität"). Die Zungenspitze, breit an die oberen mittleren Schneidezähne gedrückt, verschließt den Mundraum. Der Einzellaut „ng" ist stets zusammenhängend zu sprechen. Die Zunge drückt dabei an die hintere Gaumenwand (velum) und riegelt so den Mundraum ab. Vor allem die Summübungen haben einen besonderen stimmhygienischen Nutzen, der im nächsten Kapitel aufgegriffen wird. Die ständige Übung der Nasale verleiht der Stimme Tragfähigkeit und Ausdauer.

– Summen in allen Variationen
– mineminieminieminemineminemineminemine
– manomanomanomanomanomanomanomano
– „Wenn mancher Mann wüßte, wer mancher Mann wär, gäb' mancher Mann manchem Mann manchmal mehr Ehr."
– Singen: „Summ, summ, summ, Bienchen summ herum . . ."

---

b) *Labiale* (Lippenlaute): b, p

Hier nehme ich als Einteilungskriterium die Artikulationsstelle (Lippen). Bei „p" sind die Lippen fest aufeinandergedrückt. Bei „b" ist der Lippenverschluß leichter. Die in der Mundhöhle komprimierte Luft wird zu den Lippen vorgetrieben und sprengt den Verschluß. Beim „b" sind zusätzlich die Stimmbänder (stimmhaft) im Einsatz.

– Wie ein kleines Baby mit vibrierenden Lippen das „b" vor sich hinbrabbeln (auch gute Übung, um Ihren „Grundton" zu finden)
– bibelbabelbubel . . .
– bpbpbpbpbpbpbp (tonlos sprechen)
– Klibusterklibasterklibuster . . .
– „Brautkleid bleibt Brautkleid und Blaukraut bleibt Blaukraut."

- „Bald blüht breitblättriger Wegerich; breitblättriger Wegerich blüht bald."
- „Es klapperte die Klapperschlang, bis ihre Klapper schlapper klang."
- „Ein Kaplan klebt Papp-Plakate."

---

c) *Dentale* (Zahnlaute): d, t

Wie bei den Labialen nehme ich die Artikulationsstelle zur besseren Vorstellungshilfe. Der Mundraum wird dabei mit der Zungenspitze verschlossen, die in ihrer ganzen Breite gegen den oberen Zahndamm (Übergang Zahn zu Gaumen, Alveolen genannt) anstößt. Die aufgestaute Luft sprengt wiederum einen Verschluß (bei „t" heftiger als bei „d", hier auch stimmhaft).

- Wie ein Preßlufthammer das „t" vor sich hin hämmern
- titel/tatel/tütel . . .
- dideldüdeldadel . . .
- sitisitesitisite . . .
- Tonleitersprechen
- „Drei Teertonnen, drei Trantonnen."
- Schlichten geht über Richten.

---

d) *Velare* (Hintergaumenlaute): g, k

Einteilungskriterium für mich hier wiederum der Artikulationsort. Der aufgewölbte Zungenrücken drückt gegen den hinteren Gaumen (velum). Der zusammengedrückte Luftstrom ergießt sich nach der Sprengung in den Mundraum. Bei „g" ist die Zunge weicher an den Gaumen gelegt, und die Sprengung geht wiederum sanfter (stimmhaft). Diese beiden Laute zur Entlastung des Kehlkopfes vehement vorne halten, nicht rückrutschen lassen und deshalb hauptsächlich mit Vokalen üben.

- „Die Katze tritt die Treppe krumm, die Treppe tritt die Katze krumm."
- „Koalition und Kanalisation."

Die letzten drei genannten Gruppen (Labiale, Dentale, Velare) können vereinfacht zu den sogenannten Explosivlauten (Verschlußlauten) zusammengefaßt werden. Mund- oder Rachenhöhle werden an einer Stelle ruckartig geöffnet. Weder die „Konsonanten spucken noch verschlucken" (Winkler, S. 16). Ein Erfahrungswert besagt, wenn jemand die sechs Verschlußlaute exakt bilden kann, verbessert sich seine Aussprache um das Dreifache. Nehmen sie das als Ansporn.

e) Frikative (Reibelaute, „Zischlaute"): f, s

Hier setze ich zur Unterscheidung wieder den Artikulationsmodus ein. An einer Stelle verschließt die Mund- oder Rachenhöhle den Luftweg fast ganz. Beim „f" legt sich die Unterlippe leicht an die oberen Schneidezähne. Die Oberlippe wird dabei etwas in die Höhe gehoben. Durch den schmalen Spalt zwischen Unterlippe und oberen Schneidezähnen wird der tonlose Luftstrom geblasen. Beim stimmlosen „s" wird die Zungenspitze leicht unmittelbar an den oberen Zahndamm gedrückt, die Mundwinkel sind etwas in die Breite gezogen. Durch den schmalen Spalt zwischen Zähnen und Zungen entweicht der Luftstrom.

– tonlos sprechen: sssssssssssssssss
– f/s/f/s/f/s . . .
– „Fischers Fritze fischte frische Fische, frische Fische fischte Fischers Fritze."
– „Fritz frißt frisch Frischfleisch."
– „Wie oft eß ich Essig, eß ich Essig im Salat."

f) Liquide (Schmelzlaute): l, r

Beim „l" wird die Mundhöhle durch die Zunge teilweise (nur in der Mitte) geschlossen, und die Luft entweicht dann zu beiden Seiten (lateral). Beim „r" wird der Mundraum durch die Zunge oder auch durch das Zäpfchen (uvula) schnell hintereinander geschlossen und wieder geöffnet (Zungen-r und

Zäpfchen-r). In der reinen Hochlautung sind Zungen-r und Zäpfchen-r heute gleichberechtigt.

– lilililililililililili
– ringrangrung ...
– „Roland der Riese am Rathaus in Bremen."
– Der Leutnant von Leuthen befahl seinen Leuten, nicht eher zu läuten, bis der Leutnant von Leuthen seinen Leuten das Läuten befahl.

---

g) Affrikaten: pf, tz

Darunter versteht man eine enge Verbindung von Verschluß- und Reibelaut.

– pf/t/k/pf/t/k/pf/t/k/. (tonlos sprechen)
– witzelwutzelwatzel ...
– „Zwischen zwei Zwetschgenzweigen zwitschern zwei Schwalben."

---

h) Palatale (Vordergaumenlaute): j, sch

Beim „j" wölbt sich der Zungenrücken gegen den harten Gaumen (palatum), bildet aber keinen festen Verschluß. Beim „sch" wird der Zungenrücken an die Mitte des Gaumens gedrückt, und der Luftstrom zwängt sich zwischen den beiden geöffneten Zahnreihen hindurch. Die vorgeschobenen Lippen bilden eine Art Schalltrichter.

– Imitieren Sie Chinesisch; jing/jang/jung ...
– „Fetter Speck schmeckt der Schnecke schlecht, schlecht schmeckt der Schnecke fetter Speck."
– „Vor dem Scheibenschützenhaus schätzen Schützen Schießdistanzen."

Zusammenfassend sei noch einmal betont: Eine gute, präzise Aussprache ist keine Hexerei, sondern reine Übungssache. Genießen Sie es, wenn Sie die Laute in Zukunft müheloser und präziser bilden können. Das gibt unter anderem auch gesundes Selbstvertrauen.

V.

Schach dem Stimmstreß

Streß ist eine Geißel der modernen Gesellschaft. Zahlreiche Erkrankungen an Geist und Seele wirft man dieser Plage des 20. Jahrhunderts vor. Der Wiener Mediziner und Wissenschaftler Hans Selye (vgl. Jörg Knobloch, Berufsstreß Ade!, S. 8) hat 1936 den Ausdruck „Streß" aus der Physik übernommen. Dort versteht man unter diesem Begriff den Druck, der auf einen Körper ausgeübt wird.

Angstauslösende Reize – ein unbekanntes Publikum ebenso wie ein zähnefletschender Hund – mobilisieren in Sekundenschnelle den ganzen Körper und bereiten ihn auf körperliche Höchstleistungen vor. Entwicklungsgeschichtlich hieß das für den Urmenschen: Kampf oder Flucht. Der Körper unterscheidet dabei nicht, wer oder was die Angst auslöst. Es erscheint sicher nicht verwunderlich, wenn zuviel Streß auch negative Auswirkungen auf unsere Stimme hat. Es gibt jedoch grob gesagt zwei Arten von „Streß".

1. Guter und schlechter „Stimmstreß"

Der „gute" Streß (Eustreß), bewährt sich oft geradezu als Energiespender und schützt vor Selbstüberschätzung. „Leistungssportler", in bezug auf Stimmleistungen gesehen, können sich gemilderte Streßreaktionen Ihres Körpers geradezu positiv zunutze machen. Bei ruhiger Konzentration und äußerlicher Unbewegtheit – gezügelt wie ein edles Rennpferd – fiebern sie Ihrem „Auftritt" entgegen. Beim „Start" explodieren sie dann wie ein Hundert-Meter-Sprinter. Zum Trost deshalb für alle: Wer vor großen „Stimmaufgaben" überhaupt kein „Lampenfieber" hat, dem fehlt sicherlich die entsprechende Spannung, um erfolgreich die Stimme zum Einsatz bringen zu können.

„Impfen" Sie sich sozusagen gegen den Streß, indem Sie Streßsituationen für Ihre Stimme nicht ausweichen. So werden Sie langsam in bestimmten Situationen immun gegen Streßreaktionen. Ich weiß noch, wie aufgeregt ich war, als ich als junger Ministrant in der Messe das erste Mal die Lesung übernommen habe. Es hat lange gedauert, bis mir das Vorlesen vor großen Menschenmengen nichts mehr ausgemacht hat.

Der negative Streß (Distreß) ist aber das, vor dem wir uns alle fürchten. Er gefährdet erfolgreichen guten Stimmeinsatz. Hier einige Symptome:

– Die Atmung ändert sich drastisch. Sie wird flach und beengt. Angst schnürt die Kehle zu. Nicht umsonst leitet sich das deutsche Wort Angst von „eng" ab (Gegenmaßnahme deshalb: bewußtes, tiefes, langsames Ausatmen).

– Der Puls beschleunigt sich, das Herz beginnt zu rasen. Man spricht vor Aufregung viel zu schnell (generell dann einen „Gang" zurückschalten).

Die Stimme fängt an zu zittern. Man spürt einen Knoten im Hals, die Kehle ist wie zugeschnürt. Vor Aufregung wird dann meistens die Stimme viel zu hoch angesetzt. Senken Sie ihre Stimme deshalb gedanklich um mindestens zwei Töne, wenn Sie „Stimmstreß" verspüren.

– Der Mund trocknet aus (Gefahr für die Geschmeidigkeit und Feuchtigkeit der Stimmbänder). Es bleibt einem buchstäblich vor Lampenfieber die Spucke weg. Die Stimme wird heiser und krächzend. Ein Glas Wasser sollte als Notanker stets in Ihrer Nähe sein.

– Dauerndes „Trommelfeuer" von Streßreizen, sogenannten „Stressoren", können sich zu Lebenskrisen ausweiten. Sie treiben die Stimme, um modern zu bleiben, bis zu einem totalen „Stimm-burn-out". Man fühlt sich stimmlich völlig „ausgebrannt". Die Stimme ist matt, tonlos und heiser und strahlt überhaupt nichts mehr aus. Am liebsten möchte man den

Kopf in den Sand stecken oder, wie es die Forschung bei Vögeln erwiesen hat, den Kopf sozusagen unter die Flügel stecken.

Seien Sie nochmals beruhigt, wenn Streß völlig fehlt, ist das gar nicht gut. Meistens fehlen dann die Zukunftsperspektiven, die das Herz ab und zu freudig pochen lassen. Man kann dadurch stimmlich in völlige Erschöpfung und Apathie versinken.

2. Dampf ablassen

Beim negativen Streß steht der Körper wie ein Dampfkessel unter Druck. Dies führt auch in der Stimme zu Verspannungen. Es geht im Folgenden um einige praktische Tips, um die Stimme in Streßsituationen unter Kontrolle zu halten.

Sie können ihren „Stimmstreß" homöopathisch zu heilen versuchen, d. h., sie versuchen Gleiches mit Gleichem zu bekämpfen. Eine ungewöhnliche Anspannung braucht manchmal Gegenspannung, um sich auszugleichen. Stellen Sie sich immer wieder zum Kampf gegen ihre Streßsituation.

– Singen und schreien Sie laut, wenn Sie Gelegenheit dazu haben. Stoßen Sie mit den Tönen die ganze Luft aus sich heraus. Tun sie das ruhig voller Zorn. Wenn es sein muß bis zur Erschöpfung. Anschließend werden sie merken, wie sich Ihr Körper, Ihre Stimme entkrampft.

– Spannen Sie kurzzeitig Ihren Körper (samt Hals) stark an, und genießen Sie dann die Entspannung. Das können Sie gut z. B. durch Wanddrücken erreichen: Stellen Sie sich etwa einen Meter von der Wand entfernt auf, und pressen Sie ihren Körper, solang es Ihnen guttut, mit gestreckten Armen dagegen. Danach entspannen, Kopf senken und tief atmen. Jede andere sogenannte „isometrische" Muskelanspannung (Anspannung gegen unüberwindlichen Widerstand) leistet die gleichen Dienste. Das läßt sich jederzeit unauffällig in den Alltag einbauen (Türklingen kraftvoll anfassen usw.)

– Versuchen Sie durch irgend etwas außer Atem zu kommen, zum Beispiel durch schnelles Gehen, Imitation von

Schwimmbewegungen aller Art usw. Bereits durch leichtere intensivere Bewegungen werden körpereigene Stoffe freigesetzt. Ihre Wirkung ist ähnlich der von Morphinen. Schnelles Gehen kann bereits die Streßschwelle senken und überschüssiges Adrenalin verbrauchen. Der Noradrenalinspiegel, ein Neuromitter, der die Stimmung hebt, steigt an, wenn man regelmäßig Körperübungen ausführt (vgl. Jane Lyle, Körpersprache, S. 37). Auch die Beta-Endorphine schießen vermehrt ins Blut, mildern die „Redeanst" und beruhigen die Stimme.

– Halten Sie solange es geht den Atem an, und ziehen Sie dabei die Bauchdecke ganz ein. Nicht umsonst sagt man umgangssprachlich zu jemanden, der sich aufregt: „Halt die Luft an."

Sie können Ihrem „Stimmstreß" aber auch allopathisch begegnen. Nicht Gegenspannung erzeugen, sondern totale Entspannung. Flüchten Sie zuerst vor dem Streß, bevor Sie sich ihm stellen.

– Schließen Sie einmal die Augen, und stellen Sie sich vor, in der Hand einen Apfel zu halten. Riechen Sie die Frucht, fühlen Sie mit den Fingern die Schale. Beißen Sie in Gedanken mit ihren Zähnen direkt in das saftige, süße Fruchtfleisch. Wurde diese Übung richtig ausgeführt, ist ihr Mund jetzt voller Speichel. Das ist ein Beispiel dafür, wie der Geist den Körper steuert. Antizipieren Sie deshalb positiv schwierige mit Streß verbundene Situation. Stellen Sie sich vor, wie Sie die Situation ohne Streß gut meistern, wie Sie ihre Stimme voll unter Kontrolle haben.

– Nehmen Sie ein warmes Bad mit einem duftenden Badezusatz, dem Sie ein klein wenig Salz beimischen können (solehaltige Dämpfe sind eine Wohltat für unsere Stimme). Tauchen Sie bis zum Kinn ein, damit Hals und Nacken entkrampft werden. Warmes Duschen (mit Singen) führt auch zum Ziel.

– Unsere Augen sind ein sehr sensibles Organ. Sie vermögen Gemütsbewegungen (Emotionen) anzuheizen oder zu dämpfen (vgl. M. R. Kopmeyer, Lebenserfolg, S. 72 ff.). In den Augen spiegeln sich Zorn, Trauer, Schmerz und Leidenschaft. Wenn Sie Ihre Augen mit einem Blick, der in die Ferne schweift, „entleeren", können Sie meist auch Hochspannung aus der Stimme nehmen. Experimentieren Sie jedoch einfach einmal damit herum.

– Lenken Sie sich eisern ab: durch Stimmübungen, durch ein Hobby, Radio, Fernsehen usw. Eine besonders nützliche Ablenkung für Ihre Stimme ist der „Small talk", den ich Ihnen jetzt im Folgenden kurz vorstelle.

2. Verachten Sie den „Small talk" nicht

„Small talk" heißt wörtlich übersetzt soviel wie das „kleine Gespräch". Der Begriff klein bedeutet dabei zum einen „klein" im Sinne von zeitlich „kurz", zum anderen „klein" im Sinne von „unbedeutend" in bezug auf den Redeinhalt.

Wer kennt nicht das zwanglose Reden über das Wetter oder andere unbedeutende Sachen. So ein kleines unbedeutendes Gespräch bietet den Vorteil, auf eine minimale Art viele soziale Kontakte zu pflegen. Manche wollen diese zwanglose Art der Plauderei mit Oberflächlichkeit und Nutzlosigkeit gleichsetzen – doch Vorsicht: „Hochmut kommt vor dem Fall." Die Kunst des „kleinen Gespräches" ist nicht einfach. Ja, gute kleine Gespräche können nicht nur für unsere Stimme wahre Wunder bewirken.

Zwischen Menschen werden nämlich auf der stimmlichen Verbindungsbahn nicht nur Informationen, sondern auch „Stimmungen" zum Mitmenschen übertragen. Selbst der Austausch von sogenannten Trivialitäten hat einen ganz besonderen Wert: Unser Gehirn führt, um der Informationsflut Herr zu werden, einen ständigen Kampf zwischen Chaos und Ordnung. Da wirken Verweise auf Offensichtliches wie „schönes Wetter heute" oder banale Anfragen mit „Wie geht es Ihnen" ungemein beruhigend. Sie besagen letztendlich dem uralten Instinkt des Mammutjägers in uns, daß für Angriff oder Flucht weit und breit kein Grund besteht. Biochemischer Alarm braucht deshalb nicht ausgelöst zu werden.

Der wohl bedeutendste Schauspieler der napoleonischen Zeit, Talma, begann bewußt vor jedem seiner Auftritte ein belangloses Gespräch mit Bühnenarbeitern. Einerseits „wärmte" er damit zwanglos seine Stimme auf und andererseits dämpfte er damit durch Ablenkung sein Lampenfieber.

Die wohl berühmteste Form des „Small talks" (vgl. H. v. Lichem/Diethelm Prauss, Reden & Schreiben leichtgemacht, S. 302) wird von Erzherzog Karl, dem letzten Kaiser Österreich-Ungarns überliefert. Bei offiziellen Anlässen sprach er mit den meisten Menschen mit folgender Standardformulierung: „Grüß Gott! . . . Es war sehr schön, es hat mich sehr gefreut!"

Werden Sie Meister im zwanglosen Plaudern, es gibt Selbstvertrauen, schafft Kontakte und nützt Ihrer Stimme ungeheuer.

4. Religiöse Praxis – Balsam für gestreßte Stimmen

Natürlich fließt bei mir als Pfarrer in der Sicht von Stimme und ihrer Ausbildung immer wieder auch das religiöse Moment mit ein, das vielen Leuten heute als Buch mit sieben Siegeln erscheint. Denn im tiefsten bin ich davon überzeugt: Auch bei der Stimme gilt „Der Mensch denkt, Gott aber lenkt". Christsein ist eigentlich ein Lebensstil. Man gibt dem Leben einen unverwechselbaren Rhythmus, von dem auch die Stimme profitieren kann. Eine fruchtbare Abwechslung von Spannung und Entspannung.

Jedes Gebet ist Atemholen für die Seele. Es kommt damit auch der Stimme zugute, denn alle unsere Ausdrucksmöglichkeiten werden von unserem Innersten, als Christ sage ich Seele, gespeist.

Eine schöne Idee, wie man dieses Atemholen durch das Gebet zum Ausdruck bringen könnte, habe ich in der von Bernhard Häring verfaßten Kleinschrift „Geborgen in Ihm" gefunden. Jesus hat seine Jünger das „Vater unser" gelehrt. Zentraler Begriff ist in diesem Gebet der Ausdruck „Abba" (Vater). Dieses Wort Abba eignet sich sehr schön, um der

Seele Ruhe zu geben. Einatmen auf die erste Silbe „Ab" und ausatmen auf die zweite Silbe „ba". Das ganze Atmen soll ruhig, tief und gleichmäßig dabei sein.

Jeder Sonntag kann zur „gehobenen Pflege" für die Stimme gestaltet werden. Der Gottesdienstbesuch ist durch das Singen und Sprechen (beten) in entspannter Atmosphäre „Baldrian" für die Stimme. Nach der Messe kann man noch dem „Small talk" frönen oder gepflegten Gedankenaustausch betreiben. Wer hier Zeit investiert, bekommt Sie hundertfach zurück!

Eine Hochform gegen Streß, der vielleicht unbewußt manchmal auch tiefer sitzt, ist für mich das Sakrament der Beichte. Als Priester, der selber Beichte hört, gehe ich sehr oft zum Beichten. Es gibt eigentlich nichts Entspannenderes für die Seele als dieses Sakrament. Da die Stimme ein Ausdrucksfeld, sozusagen eine Zwiebelschale der Seele ist, kommt jede gute Beichte im Beichtstuhl oder als Beichtgespräch auch indirekt der stimmlichen Gesamtdisposition zugute.

Zu guter Letzt nun vollständig das schöne Gebet des heiligen Augustinus, das man gut zur Streßbewältigung heranziehen kann. Bei jeder Zeile atme man ganz aus, so daß am Schluß die eigene Bauchdecke ganz eingezogen ist, ja am Ende jeder Zeile wölbe man die Lippen nach vorne und puste noch einmal aus, um die letzten Hohlräume der Lunge nicht zu blockieren; langsam und genußvoll einatmen und an die nächste Zeile gehen:

Atme in mir, du Heiliger Geist, daß ich Heiliges
denke.
Treibe mich, du Heiliger Geist, daß ich Heiliges
tue.
Locke mich, du Heiliger Geist, daß ich Heiliges
liebe.
Stärke mich, du Heiliger Geist, daß ich Heiliges
hüte.
Hüte mich, Heiliger Geist, daß ich das Heilige nimmer
verliere.

VI.

Sei gut zu Deiner Stimme

Aus dem Sportbereich weiß man, daß kurzzeitiges, intensives Training einen maximalen Trainingserfolg bringt. Vieles wird in der heutigen Zeit trainiert, aber der Stimme wird oft kein Training zugemessen. Professor Gundermann bringt es auf den Punkt, wenn er ausgiebiges „Stimmjogging" fordert (Heiserkeit und Stimmschwäche, S. 97).

1. Die Einstimmung

Für jeden Sportler heißt dabei „aufwärmen" das Zauberwort, wenn er optimale Leistung erreichen will. Je länger die bevorstehende Sprechsituation, desto mehr „warm up" verlangt die Stimme. Wer sich zwanglos vor wichtigen Redesituationen aufwärmen will, sollte unter anderem die Kunst des „Small talk", wie sie schon angesprochen wurde, schätzenlernen. Belangloses Reden soll erfreuen, dem anderen zeigen, daß man ihn beachtet, das Eis brechen. Diese Art der Konversation läßt sich mit Tennis vergleichen, man versucht so wenig wie möglich den Ball ins Aus gehen zu lassen. Man kann dabei ganz entspannt seine Stimme in der richtigen „Tonlage" einsetzen.

Für die Stimme sehr wichtig ist der Tagesanfang. Schon während eines morgendlichen Badaufenthalts kann man sie langsam warmlaufen lassen. Im folgenden werden eine Auswahl von Tips vorgestellt, die der Stimme auf die „Sprünge" helfen. Man sucht sich aus, wozu man Lust hat, probiere aus, was einem guttut und man geht gut gerüstet in den stimmlichen Alltag (natürlich sind diese Vorschläge nicht nur auf den Tagesanfang programmiert):

– Sich zunächst einmal dehnen und strecken wie eine Katze, die hinter dem Ofen hervorkriecht. Das macht den Brust- und Schulterbereich geschmeidig.

– Blick geradeaus, Kinn etwas nach oben gerichtet und locker entspannt auf der Stelle hüpfen. Die Arme baumeln dabei seitlich ab. Diese Übung lockert nicht nur den leicht mithüpfenden Kehlkopf.

– Die Halsmuskulatur durch Nicken, Kopfschütteln, Seitwärtsbeugen links und rechts lockern. Sich dabei bemühen, wie eine gackernde Ente den Hals vorzustrecken. Kopfkreisen aber vermeiden, weil diese Bewegung von den ersten beiden Halswirbeln (Atlas und Axis), die für Kopfbewegungen zuständig sind, anatomisch eigentlich nicht unterstützt wird. Eine lockere Halsmuskulatur ist für die Stimme unbedingt notwendig. Wenn der Hals verkrampft, verkrampft auch die Kehlkopfmuskulatur leichter. In der Biomechanik spricht man vom „Prinzip der gleichgerichteten Bewegung". Positives Beispiel: Wenn man das Handgelenk beugt, läßt sich auch der Oberarm leichter beugen.

– Den Hals vor dem Spiegel „freimachen", um sozusagen das „Gehäuse" der Stimme ins rechte Lot zu rücken. Nutzen Sie dazu die sogenannte „Alexandertechnik" (Näheres nachzulesen in: Jane Lyle, Körpersprache, S. 16ff.). Der 1869 geborene australische Schauspieler Frederick Matthias Alexander litt bei der Ausübung seines Berufes häufig unter Atembeschwerden und Heiserkeit. Bei einem normalen Gespräch – der bekannte Small talk – traten keine Beschwerden auf. Nach langwierigen Beobachtungen – kein Arzt konnte ihm helfen – fand er heraus, daß es an seiner unnatürlichen Körperhaltung während seiner Arbeit liegen mußte. Seine Stimme fühlte sich immer dann „unfrei", wenn er mit geneigtem Kopf auf Kehlkopf und Brust drückte. Er entwickelte eine Lehre, die eine „Entkrampfung" des Halses als eines der wichtigsten Elemente sieht. Sie verhilft insgesamt zu einer guten Körperhaltung. Er stellte fest: Wenn man sich auf den Hals konzentriert, dann kann man Atmung, Stimme und Haltung von Brust und Rücken verbessern. Stellen Sie sich vor,

Ihr Kopf sei ein Luftballon, der an Ihrer Wirbelsäule hängt. Erwecken Sie in sich das Gefühl, als würde er fort von Hals und Körper schweben. Senken Sie dabei etwas das Kinn, um den Nacken nach hinten zu verlängern. Achten Sie auf ihre Schultern, sie sollen ganz entspannt ihre bequemste Stellung finden, und dabei werden Brust und Rücken gedehnt. Ein entspannter Hals löst nicht nur den ganzen Körper, sondern auch die Stimme.

– Ein paar Schluck Wasser, möglichst warm, trinken, um die „Kehle" sozusagen mechanisch aufzuwärmen.

– Den Hals sanft mit einem trockenen Waschlappen abreiben, um die Durchblutung zu fördern. Noch besser ist die Wirkung, wenn man abends mit verdünntem Obstessig (aus Äpfel gewonnen) den Hals abreibt.

– Mit der Brause dem Gesicht und dem Hals einen kleinen Kneippguß verpassen.

– Während der Morgentoilette summen. Summübungen sind nämlich für die Stimme immer die reinste Wohltat. Die Stimmbänder schwingen dabei auf ihrer ganzen Länge. So läßt sich stimmphysiologisch sanft überflüssiger Schleim aus der Stimmritze entfernen und braucht nicht explosiv abgehustet werden.

– Entspanntes Singen in allen Variationen ist immer gutes Aufwärmtraining für die Stimme. Singen hebt das seelische Wohlbefinden, dessen Einfluß man nicht zu gering auf einen wohlklingenden Stimmeinsatz einschätzen sollte.

2. Was die Großmutter noch wußte

Ob Politiker, Schauspieler, Geistlicher usw., jeder ist arm dran, wenn er mit seiner Stimme Probleme bekommt. Dem neugewählten, amerikanischen Präsidenten blieb im letzten Wahlkampf buchstäblich die Stimme weg. Professionelle Sänger haben vor ihren Auftritten oft Redeverbot. Die Stimmbänder lassen sich nur begrenzt belasten. Bei jeder Heiserkeit sollte man sich sofort schonen, denn Sorglosigkeit in dieser

Hinsicht kann schnell zu Stimmschäden führen. Es kann etwa zu einer sogenannten „Internusparese" kommen. Vereinfacht ausgedrückt sind die Stimmbänder dann ausgeleiert und schließen nicht mehr richtig. Richtige Stimmpflege fängt klugerweise nicht erst an, wenn Stimmschäden vorliegen. Im folgenden einige Pflegehinweise für den Stimmapparat, die ich selber an mir erprobt habe und die vielleicht manchem etwas helfen können.

– Von meiner Großmutter weiß ich, wie wohltuend ab und zu ein „Happen" rohes Sauerkraut auf den Mundraum wirkt. Sehr gut ist auch das öftere Trinken von Salbeitee, der besonders das Zahnfleisch gesund erhält.

– Die Lippen vor dem Abwaschen mit Honig bestreichen. Das hält sie geschmeidig und strapazierfähig.

– Wenn die Nase verstopft ist (Nasenresonanzräume!), verdünntes Salzwasser aufziehen (kostet zwar etwas Überwindung, es wirkt aber sofort). Ein Geheimtip für weiße, saubere Zähne ist gelegentliches Putzen mit Salz, das ja Fäulnis vermeiden hilft. Im Badezimmer immer ein kleines Schraubglas mit Salz bereithalten. Mit der trockenen Zahnbürste leicht das Zahnfleisch massieren (die Zahnbürste wird dabei durch den Speichel etwas feucht). Sie so angefeuchtet in das Salzglas tauchen, so daß Salz hängenbleibt. Mit der so präparierten Zahnbürste sanft über das Zahnfleisch und die Zähne streichen. Das mit dem Speichel vermischte Salz in der Mundhöhle bewegen. Dann etwas Wasser in den Mund dazugeben und das ganze mehrmals gurgeln, ausspucken und Sie haben Ihren Artikulationswerkzeugen eine wahre Wohltat erwiesen.

– Die Stimmbänder lieben Feuchtigkeit. Darum viel trinken, am besten blankes Wasser. Der amerikanische Arzt Wayne Kirkham behandelt Gesangsgrößen aus dem internationalen Showbusineß. Den Durchbruch schaffte er 1980, als er Mick Jagger von den Rolling Stones behandelte, der einen Tag vor zwei großen Konzerten seine Stimme verloren hatte. Kirkham behandelte ihn, und Mick Jagger sang, als sei nichts gewesen. Seine Erfolgsmethode bei Kehlkopfreizungen gemahnt an die Behandlungsweise des Pfarrers Sebastian

Kneipp: Wasser in jeder Verwendungsform – als Dampf, aus der Dusche, als Getränk. Das beste Pflegemittel für die Stimme sei Wasser, sagt er.

– Da ich gerade Pfarrer Kneipp erwähnt habe, muß ich noch auf eines seiner Rezepte hinweisen, das mir immer wieder frappierend bei überanstrengter Stimme hilft. Da ich mich etwas für Heilpflanzen interessiere, kam mir durch Zufall in einem alten Buch ein Rezept Kneipps in die Hände: Er kurierte einmal einen Sänger, der seine Stimme verloren hatte, mit dem Gurgeln von verdünnter Arnikatinktur. Arnika ist eine Gebirgspflanze, die in freier Natur vom Aussterben bedroht ist. Erst vor kurzem ist es der Landesanstalt für Kultur und Pflanzenbau in Freising gelungen, Arnika auf dem Feld zu kultivieren. Nicht mehr als etwa fünf Tropfen Arnikatinktur (gibt es in jeder Apotheke) auf ein Glas Wasser geben und immer wieder in kurzen Abständen gurgeln und wieder ausspucken. Wieso wirkt Arnika so gut: Sie hat stark entzündungshemmende Stoffe (Entzündungen der Mundschleimhaut). Ich wußte bereits früher, als ich noch viel Sport trieb, daß eine Schürfwunde, mit einem in verdünnter Arnikatinktur getränktem Pflaster versorgt, nie eitert. Arnika hat auch Stoffe, die muskelentspannend (Kehlkopfmuskulatur!) wirken. Mit einem Schuß Lavendelöl (gibt es ebenfalls in jeder Apotheke) angereichert, hat man ein exzellentes Mundwasser für guten Mundgeruch.

– In meinem Zimmer habe ich eine flache Kiste mit Kieselsteinen stehen. Fast jeden Morgen trete ich barfuß etwas auf diesen Kieselsteinen herum. Die Erfahrungsmedizin spricht von „Fußreflexzonen", d. h. sensiblen Regionen auf der Fußsohle, die auf andere Körperregionen Einfluß haben. So soll es auch einen Punkt geben, der den Kehlkopf wohltuend stimuliert. Ich selber habe es bei einer eigenen Stimmerkrankung, wie ich meine erfolgreich, zur heilenden Unterstützung angewandt.

– „An apple a day, keeps the doctor away" heißt ein altes englisches Sprichwort. Ab und zu eine kleine Apfelschnitze gekaut oder Apfelsaft getrunken, pflegt durch die feine Säure die Mundschleimhäute.

VII.

Zu guter Letzt

1. Ausklang

Von der Antike bis ins hohe Mittelalter hat man sich gründlich um die Gesunderhaltung und Training der Stimme gekümmert. Männer wie zum Beispiel der heilige Völkerapostel Paulus auf dem Areopag mußten größere Menschenansammlungen ohne Verstärkeranlagen „beschallen". Leider ist unserer Zeit viel von der „Stimmlichkeit" früherer Zeiten abhanden gekommen. Heute meint man oft, durch die technischen Hilfsmittel wie das Mikrofon keine Stimmbildung mehr nötig zu haben. Ein Mikrofon verstärkt nur eine untrainierte Stimme, verbessert Sie aber um keinen Deut. Mit dem Mikrofon werden im Gegenteil nur gnadenlos die Schwächen einer Stimme verstärkt.

Man trainiere immer so zu sprechen, als müßte man ohne Mikrofon auskommen. Und wenn ein Mikrofon dasteht, hat die trainierte Stimme immer die besseren Karten. Jeder sollte ein Leben lang versuchen, seiner Stimme Beachtung zu schenken. Wenn diese kleine Abhandlung einen bescheidenen Beitrag für Sie leisten konnte, hat sie ihren Zweck erfüllt.

2. Verwendete Literatur

Balser-Eberle, Vera: Sprechtechnisches Übungsbuch. Ein Unterrichtsbehelf aus der Praxis für die Praxis. 14. Aufl. Wien 1979.

Baur, Andreas (Hrsg.): Religionsbuch für die Hauptschule. Arbeitsbuch für den katholischen Religionsunterricht. 8. Jahrgangsstufe. Donauwörth 1982.

Bayberger, E.: Deutsche Sprachlehre neu bearbeitet von Max Stoll, München. 23. Aufl. 1931.

Correll, Werner: Menschen durchschauen und richtig behandeln. Psychologie für Beruf und Familie. München 1993.

Damblon, Albert: Frei predigen. Ein Lehr- und Übungsbuch. Düsseldorf 1991.

De Marees, Horst: Sportphysiologie. 3. Aufl. Köln 1981.

Ebeling, Peter: Rhetorik. Wiesbaden. 10. Aufl. 1991.

Fiukowski, Heinz: Sprecherzieherisches Elementarbuch. Leipzig 1978.

Fraund, Martin/Jürgen Goetzmann (Hrsg.): Wie sag ich's im Radio. Ein Handbuch für die kirchliche Rundfunkarbeit. Frankfurt am Main. 2. Aufl. 1989.

Gundermann, Horst: Heiserkeit und Stimmschwäche. Ein Leitfaden zur Selbsthilfe, wenn die Stimme versagt. 2. Aufl. 1989.

Habermann, Günther: Stimme und Sprache. Eine Einführung in ihre Funktion und Hygiene. Stuttgart 1978.

Häring Bernhard: Geborgen in Ihm. Gottvertrauen in der Krankheit. Moers 1992.

Jägel, Wolf-Dietrich: Elementarwissen: Deutsche Grammatik. Paderborn 1976.

Jahncke, Rolf: Sprechtechnik und Redekunst. Ein Lehrgang für sicheres Auftreten und freies Reden. München–Basel. O. J.

Kenley, Joan: Stimme und Erfolg. Ein Selbsterfahrungs-
und Übungsbuch. Zürich 1990.

Kliem, Richard: Der Lektorendienst. Werkbuch. Freiburg–
Basel–Wien 1990.

Knobloch, Jörg: Berufsstreß ade! 33 erprobte Strategien für
den beruflichen Alltag. Wuppertal/Zürich. 2. Aufl. 1993.

Kopmeyer, M. R.: Lebenserfolg. So gelangen Sie an Ihre
Ziele. Herrsching 1991.

Lichem/Diethelm Prauss: Reden & Schreiben leichtgemacht. Darmstadt 1990.

Lyle, Jane: Körpersprache. Bindlach 1990.

Müller/Schuh: Denken – Reden – Überzeugen. 1980.

Ockel, Eberhard (Hrsg.): Freisprechen und Vortragen.
Christian Winkler zum Gedenken. Frankfurt am Main 1989.

Pilsl, Monika (Hrsg.): Honig, Sesam und Mandelkleie.
Schönheitspflege aus der guten alten Zeit. Rastatt 1991.

RoAne, Susan: Sag doch einfach hallo! Wie man sich in Gesellschaft selbstbewußt bewegt und Kontakte knüpft. Zürich
1990.

Schütz, Erich/Karl E. Rothschuh: Bau und Funktion des
menschlichen Körpers. Anatomie und Physiologie des Menschen für Hörer aller Fakultäten und medizinischen Assi-
stenzberufe. München–Berlin–Wien 1973.

Sauer, Michael: Das neue Fitneß-Buch. Köln 1991.

Schmeil, Otto: Der Mensch. Eine Biologie des Menschen.
111. Aufl. München 1968.

Spieth, Rudolf: Menschenkenntnis im Alltag. Körpersprache. Charakterdeutung. Testverfahren. München 1988.

Stadler, Hermann (Hrsg.): Deutsch. Verstehen – Sprechen
– Schreiben. Frankfurt am Main 1973.

Weidinger, Hermann Josef: Heilkräuter. Anbauen – Sammeln – Nützen – Schützen. Wien–München–Zürich–New York 1981.

Werner, Otmar/Hundsnurscher, Franz: Linguistik I. Germanistische Arbeitshefte 5. Tübingen 1970.

Winkler, Christian: Lautreines Deutsch. Braunschweig. 5. Aufl. 1963.

Zerfaß, Rolf: Lektorendienst. 15 Regeln für Lektoren und Vorbeter. 5. Aufl. Trier 1979.

Ulrich Müller / Horst Schuh

Denken
Reden
Überzeugen

Lehr-, Lern- und Lesebuch
zur Diskussionstechnik

Das Buch ist für alle geschrieben, die *öffentliche Kontroversen* zu bestreiten haben.
- Die *Beispiele* stammen aus den Bereichen Politik, Wirtschaft, Kirche, Militär.
- Die *Erfahrungen* zahlreicher Diskussionssituationen auf diesen Gebieten wurden verarbeitet.
- Die *Verfasser* kennen das politische Geschäft „von innen."

Dieses Buch kann *praktisch* helfen
- weil es *auch* theoretisch gut fundiert ist (z. B. verarbeitet es Erkenntnisse der amerikanischen Einstellungsforschung)
- weil es *kein* Rezeptbuch mit 1000 Regeln ist, sondern Sie die Mechanik einer Diskussion durchschauen und handhaben läßt
- weil es flüssig geschrieben und mit vielen Skizzen und Tabellen veranschaulicht ist und weil es einen ausführlichen Übungsteil hat.

3. Auflage, 388 Seiten, kt., DM 30,–
ISBN 3-921312-27-2
Verlag aktuelle texte gmbh
D-88499 Heiligkreuztal

Es gibt auf dem Markt für Rhetorik schon einiges. Besonders unseriöse Geschäftemacher, die nur in *einer* Überzeugungsarbeit gut sind: Wenn sie ihre „Show-Seminare" und „Geheimtips-Skripte" sündhaft teuer verkaufen und sich mit Versprechungen übertrumpfen.

Dieses Buch garantiert Ihnen Erfolg nur, wenn Sie es gründlich durcharbeiten. Es ist nicht kurz und nicht einfach. Aber es ist auch nicht *zu* lang und nicht *zu* schwierig.

Verlag aktuelle texte gmbh
D-88499 Heiligkreuztal